챗GPT를 이기는 인간의 책쓰기

저자 **김병완**

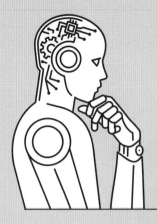

들어가며

프롤로그

제1장

제2장

제3장

제4장

제5장

에필로그

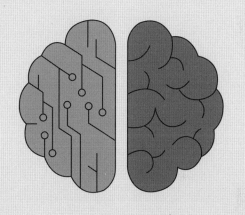

인공지능 챗GPT는
생각을 할 수 있을까?

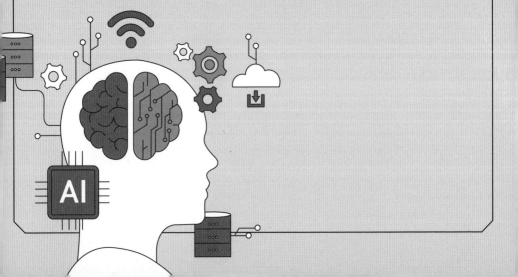

그리스 신화에 나오는 이카로스는 높은 탑에 갇혀서, 탈출하기 위해 밀랍과 깃털을 이용하여 날개를 만들었다. 탈출하기 위해서다. 그의 아버지 다이달로스는 아들인 이카로스에게 중요한 한 가지 사실을 경고했다.

'태양에 너무 가까이 가지 마라. 날개가 녹으면 떨어져 죽는다.'

이 말을 무시한 이카로스는 결국 탈출을 감행하고, 하늘로 높게 날아오른다. 태양에 너무 가까이 올라간 이카로스는 어떻게 되었을까? 진짜로 날개가 녹아서, 떨어져 죽었다.

과학 기술, 인공지능이 인류의 구원자가 될 수 있을까? 인류의 미래를 온통 인공 지능에 맡겨야 할 것인가? 챗GPT에 열광하는 인간의 모습이 날개를 만들어 탈

출 희망에 흥분했던 이카로스의 모습은 아닐까? 장밋빛 희망은 언제나 늘 위험했다. 결국은 사람이다. 첨단 기술, 인공지능에 중독된 사회에서 우리가 찾아야 할 것은 인간이다.

인공지능과 첨단 기술에 열광하는 사람들은 늘 존재했다. 2004년쯤에 나온 영화 〈아이, 로봇〉은 처음으로 인류에게 인공지능을 각인시켜 주었던 영화다. 이 영화에서 주인공은 로봇에게 다음과 같은 질문을 한다.

"로봇인 당신은 교향곡을 작곡하거나, 혹은 미술 작품을 그릴 수 있습니까?"

로봇은 대답은 늘 인간의 예상을 뛰어넘었다. 영화에서도 그렇다.

"당신은 할 수 있나요!"

이로부터 10년도 되지 않아서, 실제로 로봇이 교향곡을 작곡하는 일이 벌어졌다. 2012년 7월이다. 인류 역사상 최초로 공식적으로 로봇이 만든 교향곡을 연주한 첫 번째 사례가 실현되었다.

런던 심포니 오케스트라는 로봇이 만든 곡을 공식적으로 인류 최초로 연주했다. 이 곡의 이름은 '심연 속으로' 이며, 이 곡의 작곡자는 인간이 아닌 로봇 집단이다. 로봇 집단의 이름은 '야머스lamus'다. 스페인의 말라가 대학교 연구팀이 설계한 컴퓨터 집단이다. 작곡에 걸린 시간은 몇 분도 채 안 걸렸다고 한다.

로봇이 교향곡만 작곡하는 시대가 아니다. 이미 로봇은 그림도 그리고 있다. 당신만 몰랐을 뿐이다. 그런데 지금 와서 왜 이렇게 호들갑을 떨고 있는가? 이미 오래전에 런던 대학교의 크리에이티브 컴퓨팅 교수인 사이먼 콜턴은 그림을 그릴 줄 아는, 그릴 수 있는 인공지능을 개발했다. 이 인공지능의 이름은 '그림 그리는 바보' 이다. 이 인공지능의 특징은 좀 더 진화되어, 사진 속의 인물 표정을 분석해서, 사진 속의 인물이 어떤 감정을 느끼는지를 파악하여, 그 감정 상태를 묘사하는 초상화를 그려 낸다. 여기에 유전자 프로그래밍 기반 기술을 추가하면, 상상 속의 물체도 그려 낼 수 있다고 한다.

이것이 전부가 아니다. 이제부터 시작이다. 이미 10년 전부터 인간이 아닌 기계와 소프트웨어가 글을 쓰기 시작했다. 2010년대에 접어들면서, '로봇 저널리즘'이라고 불리는 현상이 바로 이것이다. 알고리즘이 쓴 기사와 인간 저널리스트가 쓴 기사를 구별하기 힘들 정도라고 한다. 실제로 2014년 10월에 열린 학술 대회에서는 '기계가 작성한 뉴스에 대한 지각된 신뢰도'라는 제목으로 연구 결과가 발표되기도 했다. 첨단 기계와 알고리즘, 인공지능과 로봇이 이제는 인간처럼 곡을 작곡하고, 미술 작품을 그리고, 글을 읽고 쓰는 것처럼 느껴질 수 있다. 앞으로 미래는 인공지능이 우리의 예측을 크게 벗어나, 인간이 상상도 하지 못 한 수준으로 발전될 수도 있다. 미래는 아무도 함부로 예측할 수 없다. 그런데도 우리가 간과하고 있는 한 가지 사실이 있다. 그 이야기를 하려고 한다. 하지만 아직 필자의 본론은 시작도 하지 않았다.

인공지능이 인간을 위협하고 있는 현실은 이미 오래되었다. 예술 분야가 아닌 먹고 사는 실제 산업 현장에서 느끼는 체감온도와 여파는 더 심각하다. 가장 크게 위협을 받고 실제로 일자리를 잃은 인간이 가장 많은 분야는 금융이다. 바로 월스트리트다. 믿을 수 있겠는가?

이미 인공지능 덕분에 수만 명의 고급 인력이 일자리를 잃었다. 가짜 뉴스가 아니다. 오늘날 증권 시장의 거래 중 적어도 50~70%가 자동화된 거래 알고리즘에 의존한다. 인류의 첨단 기술로 무장한 로봇은 버젓이 월스트리트에서 통상적인 거래를 수행하고 있고, 여기서 더 나가서 유럽인들이 아메리카 원주민을 몰아내고 그 땅을 차지한 것과 같은 기세로 세계 금융 시작의 생태계를 위협하고 있다.

이미 10년 전에 과학 전문지 〈네이처〉에 실린 논문을 보면, 인공지능 로봇이 세계 금융 시장을 약탈하고 있고, 침식하고 있음을 경고했다. 인공지능 로봇 트레이더는 가장 뛰어난 인간 거래자의 거래 속도를 압도적으로 앞서기 때문이다. 실제로 2013년 월스트리트 금융 업계에서 대규모 해고가 있었고, 5만 명 이상의 인간이 해고되었다. 인공지능 때문에 말이다.

이렇게 이미 챗GPT가 아니어도 수십 년 전부터 인간의 세계에 인공지능과 첨단 기술로 무장한 로봇이 인간을 위협하고 있었고, 실제로 인간의 일자리를 빼앗았고, 지금도 빼앗고 있다. 앞으로는 더 심해질 것이다. 가까운 미래에는 정말 우리가 지금 상상도 하지 못 한 일들이 현실이 될지도 모른다. 인공지능이 인간처럼 느끼고, 창작하고, 인간과 교류할지도 모른다. 이미 실현되었을지도 모른다. 하지만 당신이 알아야 할 것이 하나 있다.

챗GPT가 혹은 더 발달한 다른 인공지능이나 로봇이 인간처럼 느끼고, 창작하고, 교류하게 된다고 해도, 챗GPT의 느낌과 창작과 교류는 인간의 그것과 차원이 다르고, 수준이 다르다는 것이다. 챗GPT가 아무리 느낀다고 해도, 인간이 사랑하는 연인의 따뜻한 포옹을 느끼는 그 인간만이 알 수 있는 그 느낌을 진짜 느낄 수 있을까? 절대 없다. 아무리 창작을 한다고 해도, 인간의 뇌가 창작하는 그 창조성과 인공지능의 창조성은 성격과 뿌리가 다르다. 무에서 유를 창조하는 것과 있는 것을 연결하고 융합해서 창조하는 것은 차원이 다르다.

고양이나 메뚜기에게도 눈이 있고, 뇌가 있다. 하지만 그들이 보는 세상과 그들의 생각은 인간의 눈과 뇌로 보고 생각하는 것과 차원이 다르다. 결정적으로 챗GPT에게는 인간이 느끼는 가장 중요한 기관인 세포가 없고, 인간이 사고하는 가장 중요한 기관인 뇌가 없다. 더 중요한 결정적 이유는 챗GPT는 인간이 아니라는 점이다. 인간이 아니기에 가슴 뛰는 심장도 없고, 감정도 없고, 기분도 없고, 직관도 없고, 인간 수준의 상상력과 창조력도 없고, 책임감도 없고, 죄책감도 없고, 기쁨과 슬픔도 모르고, 절망과 좌절할 줄도 모르는 인간이 만든 지능, 그 이상도, 그 이하도 아니라는 말이다.

본능적으로 챗GPT에 열광하고, 인공지능 기술에 중독되어 가는 당신이 알아야 할 한 가지 사실은 현재 지구상에 존재하는 발명품 중에 최고로 정교한 장치가 무엇인가 하는 것이다.

필자의 직업적 윤리와 작가 생명을 걸고, 확실하게, 분명하게 말하겠다.
"현재 지구상에 존재하는 발명품 중에 최고로 정교하고, 가장 놀라운 장치는 인공지능 챗GPT가 아니라 바로 당신의 뇌다."

인간만이 가지고 있는 상상력과 창의력은 오직 인간의 두뇌하고만 연관 지어 말할 수 있기 때문이다. 즉 무에서 유를 창조한다는 개념은 어마어마한 기적에 가까운 일이지만, 인간의 뇌는 이런 고차원적인 창조 행위를 제대로 수준 높게 할 수 있는 우주에서 유일무이한 장치다.

인공지능과 챗GPT는 아무리 인간을 흉내를 낸다고 해도, '오징어 게임'이나 '기생충'과 같은 현대 사회를 풍자하고 인간을 전율하게 하는 시나리오를 작성할 수 없다. 챗GPT는 피카소의 '아비뇽의 처녀들', 베토벤의 '교향곡 제5번 C단조 운명'과 같은 진짜 창작품을 만들어 낼 수 없다. 비슷하게 모방은 단 몇 분 만에 가능하겠지만 말이다. 이런 능력은 인쇄소에 있는 인쇄 기계도 잘 한다. 평범한 컴퓨터도 복사를 순식간에 할 수 있다. 물론 인간은 이미 창의력을 갖춘 기계를 설계하고 있고, 만들고 있다. 하지만 창의력과 상상력을 갖춘 기계를 만들었다고 해도, 기계의 창의력과 상상력은 인간의 두뇌를 기반으로 하는 창의력과 상상력과는 급이 다르다는 사실을 개발자들도 인정하고 있다.

우리가 명심해야 하는 것은 바로 이것이다. 로봇이 감상 능력과 상상 능력을 갖추었다고 하지만, 로봇의 감상 능력은 인간의 감상과 차원이 다르다. 로봇은 그저 분석하고 분석한 자료를 토대로 알고리즘에 의해 만들어 내는 것에 불과하다.

핵심은 이것이다. 로봇이 춤을 출 수 있을까? 로봇이 사랑할 수 있을까? 로봇이 아이를 낳아 모성애를 가지고 인간처럼 평생 자녀를 양육하고 키울 수 있을까? 로봇이 인간을 아무리 흉내 내려고 해도, 로봇은 로봇에 불과하다. 왜냐하면, 결정적으로 로봇은 인간이 아니기 때문이다. 인간과 기계가 다른 수천만 가지 이유가 있겠지만, 그중에 하나만 이야기하자면, 인간은 뜨거운 가슴과 감정이 있는 영혼을 가진 가장 고차원적인 존재라는 사실이다.

인간은 감정이 있고, 마음과 영혼을 가지고 있는 어마어마한 존재이고, 우주에서 유일무이한 존재다.

로봇은 인생이 무엇인지 모른다. 인간의 감정도 없고, 인간의 삶도 없기 때문이다. 로봇을 만들어 팔 다리를 움직이게 한다고 그것을 춤을 춘다고 해서는 안 된다. 물론 춤을 추는 인간을 흉내 내는 것은 맞지만, 진짜 인간의 춤은 아니다. 인간의 춤에는 흥이 담겨 있고, 기분이 담겨 있고, 감정이 담겨 있고, 무엇보다 영혼이 있는 인간의 행위라는 점에서 로봇과 차원이 다르다.

"결론은 인공지능은 영혼이 없다는 것이다. 인간이 아무리 기술이 발전하여, '생각하는 기계'를 만들어 낼 수 있고, 실제로 만들어 냈다고 해도, 그것은 그저 기계일 뿐이다. 왜냐하면 '영혼이 없기 때문이다. 인간은 영혼을 만들 수 없다. 즉 인간은 신이 아니다."

인공지능은 마음과 감정이 없다. 진짜 인생을 살아내지 못한다. 그러므로 인간의 책쓰기와 챗GPT의 그것은 차원이 다를 수밖에 없다. 진짜 범죄자를 앉혀 놓고, 실형을 선고하는 진짜 법원이 아니라, 초등학생들이 가짜 모의 법정을 만들어 놓고, 가짜로 법정 놀이를 하는 것보다 더 웃긴 일이 아닐 수 없다.

컴퓨터 학자 에츠허르 데이크스트라가 '기계가 생각할 수 있느냐고 묻는 것은 잠수함이 항해할 수 있느냐고 묻는 것과 마찬가지다.'라는 말을 했다면, 책을 쓰는 인간 작가인 필자는 이렇게 말하고 싶다.

'기계가 생각할 수 있느냐고 묻는 것은 로봇이 사랑에 빠져, 아이를 낳고, 가정을 이루며, 인생이라고 하는 바로 그것을 제대로 살아낼 수 있느냐고 묻는 것과 마찬가지다.'

인공지능 시대, 우리가 고민해야 하고, 집중해야 하는 것은 인공지능이 아니라 오히려 인간이다. 왜 인간에게 집중해야 할까? 답은 명확하다. 우리가 인간이기 때문이다.

인간이 500살까지 사는 것이 가능할까? 기술로 인간을 영원히 살게 할 수 있을까? 이미 많은 과학자는 인간 불멸에 도전하고 있다. 하지만 우리가 명심해야 할 것은 이카로스의 교훈이다. 이것을 망각해서는 안 된다. 우리가 인간이라는 사실을 말이다.

인공지능은 앞으로 어떻게 진화하고, 인간에게 어떤 일들이 펼쳐질까? 이것이 궁금한 독자들은 이 책을 읽을 것이 아니라, 현재 인공지능 분야에서 가장 뛰어난 업적을 쌓아가고 있는 리더들과 인공지능 전문가들의 생각을 알 수 있는 책《세계적인 인공지능 개발자들이 알려주는 진실, AI 마인드》라는 책을 추천한다.

필자가 쓴 바로 이 책《챗GPT를 이기는 인간의 책쓰기》는 챗GPT와 인간의 책쓰기가 어떻게 차원이 다르고, 어떤 점에서 인간의 책쓰기가 한 수 위이고, 인간의 책쓰기가 과연 무엇인지, 왜 챗GPT가 인간의 책쓰기를 제대로 흉내 낼 수 없는지를 인간 중심으로, 인간을 위해, 인간에게 향하는 메시지를 담은 책이고, 인간이 인간에게 말해 주는 책이다. 그러므로 당신이 인간이 아닌 챗GPT이거나 알파고이거나 그 외의 로봇이나 기계라면, 이 책을 읽어서는 안 된다. 상처받을 수 있기 때문이다. 상처를 입어도, 그것은 인간 책임이 아니다. 인간을 흉내 낸 인공지능 탓이다.

중세 시대에는 닭이나 벌, 쥐, 돼지 등을 범죄자로 분류하여 형사 재판을 실제로 했다는 사실을 아는가? 실제로 이런 동물들이 기소된 사건이 문서로 남아있다. 왜 그 시대 사람들은 말도 안 되는 돼지나 닭이나 들쥐를 인간과 같은 범죄자 취급을 하고, 형사 재판을 했을까?

　그 당시 사람들은 동물들도 옳고 그름을 분별하고 그 분별에 따라 행동할 수 있다고 생각했기 때문이다. 독자들은 어떤가? 이제 인공지능도 형사 재판을 하고 싶은가?

　"인공지능 챗GPT가 글쓰기를 할 수 있느냐고 묻는 것은 인류 역사상 최고 성능의 슈퍼 컴퓨터가 아이를 낳고, 가정을 이루며, 인생이라는 것을 제대로 살아내고 경험할 수 있느냐고 묻는 것과 마찬가지다."

– 책을 쓰는 인간 작가, 김병완

챗GPT와 인간의 책쓰기는
급이 다르다.

"인공지능 연구는 악마를 소환하는 것이나 마찬가지다. 핵무기보다 위험하다. 인공지능은 현존하는 가장 큰 위협이 될 가능성이 있으며, 매우 주의 깊게 연구해야 한다."

- 일론 머스크

"초지능이 걱정된다. 기계는 우리를 위해 많은 일을 하지만, 초지능은 그렇지 않을 것이다. 수십 년 뒤에 인공지능은 우려할 만한 수준으로 강력해질 것이다."

- 빌 게이츠

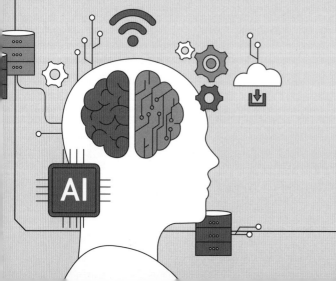

일론 머스크는 인공 지능 연구가 악마를 소환하는 일이라고 말하면서, 인공지능은 핵무기보다 더 위험하다고 말했다. 스티븐 호킹도'인공지능이 인류와 같은 목표를 갖도록 확실히 해둘 필요가 있다'고 경고했다.

자 그렇다면, 핵무기보다 더 위험한 오픈 인공지능 챗GPT에게 질문을 해 보자. 과연, 정말 어떤 대답을 할까? 이미 할 수 있으면서도 못 한다고 할지도 모를 일이다. 순진한 인간이 속는 시대가 이미 왔을 수도 있다.

오픈 AI 챗GPT가 많은 사람의 관심을 끌고 있다. 하지만 이미 10년 전부터, 아니 그 이전부터 전문가들은 충분히 이 정도의 인공지능은 예견했었다. 일반인들만 몰랐을 뿐이거나, 관심이 없었던 것이다. 챗GPT에게 직접 질문을 해 봤다.

질문 : 챗GPT가 대체할 수 있는 직업 TOP 10은?

이 질문에 챗GPT는 즉시 다음과 같은 답변을 내놓았다.

챗GPT 답변

ChatGPT는 자연어 처리 기술을 이용하여 다양한 분야에서 활용될 수 있습니다. 따라서 대체할 수 있는 직업은 다음과 같습니다.

1. 고객 서비스 대행
2. 인사 담당자
3. 뉴스 기사 작성자
4. 교육자
5. 언론인
6. 의료 정보 제공자
7. 법률 자문 변호사
8. 번역가
9. 금융 자문가
10. 마케팅 전문가

위의 직업들은 대부분 커뮤니케이션과 정보 전달에 중점을 둔 분야이기 때문에, ChatGPT와 같은 자연어 처리 기술이 대체 가능성이 큽니다. 하지만 인간적인 감성과 상황 판단, 상호작용 등에서는 아직 인간의 역할이 필요하며, ChatGPT와 인간이 함께 일하는 방식으로 더 나은 결과를 얻을 수 있습니다."

그래서 필자는 챗GPT가 도저히 대체할 수 없는 직업에 관해서 물어보았다.

질문 : ChatGPT가 도저히 대체할 수 없는 인간만의 직업 TOP10은?

이번에도 챗GPT는 거침없이 답변을 쏟아냈다.

챗GPT 답변

ChatGPT와 같은 인공지능 기술은 어떤 분야에서도 인간의 역할을 완전히 대체할 수는 없습니다. 따라서 대체할 수 없는 인간만의 직업 TOP10은 다음과 같습니다.

1. 예술가 : 인간의 창의력과 예술적 감각은 인공지능으로 대체될 수 없습니다.

2. 의료인 : 인간의 진단과 치료에는 전문적인 지식과 경험이 필요합니다.

3. 교육자 : 인간의 교육은 적극적인 상호작용과 과정 전반에 걸쳐 강조되는 윤리적, 도덕적 가치가 필요합니다.

4. 정치인 : 인간의 정치는 특정 인식, 선호, 인간관계 등을 고려한 복잡한 의사결정과정이 필요합니다.

5. 경영자 : 인간의 경영은 조직의 가치관을 반영하며, 대인관계와 소통 등 인간의 감성적인 요소가 필요합니다.

6. 법조인 : 인간의 법률은 사람과 사람의 갈등과 인간관계, 복잡한 사실과 증거 등을 고려한 전문적인 판단이 필요합니다.

7. 연구원 : 인간의 연구는 독창적인 아이디어와 근거, 실험 등을 기반으로 진행되며, 발견한 지식을 인간관계에 적용하고 공유하는 것이 중

요합니다.

8. 신문기자 : 인간의 뉴스는 이야기를 전달하는 과정에서 직접적인 체험이 필요하며, 다양한 인간관계와 경험에 의존합니다.

9. 스포츠 선수 : 인간의 스포츠는 훈련과 경기에서 인간의 체력과 기술, 감성적인 요소가 결합하여 필요합니다.

10. 요리사 : 인간의 요리는 다양한 식재료와 요리방법, 기술, 감각 등을 고려하여 만들어지며, 그 결과물은 인간의 취향과 감성을 반영합니다.

위 직업들은 인간의 창의력, 감성, 윤리적 가치, 복잡한 판단 등 인간적인 요소가 필요하므로 ChatGPT와 같은 인공지능 기술로 대체될 수 없습니다.

챗GPT가 모든 것을 제대로 정확히 아는 것은 아니다. 상반되는 질문에 똑같은 답변을 내놓았다. 대체할 수 있는 직업에도 교육자가 있고, 대체할 수 없는 직업에도 교육자가 있다.

아마도 정의의 차이가 있을 것 같다. 그런데도 챗GPT가 절대 대체할 수 없는 직업 1위는 예술가다. 그 이유는 무엇일까? 바로 인간의 감성, 창의력을 챗GPT는 절대 대체할 수 없다.

결론은 이것이다.

기계적으로 정보를 수집해서 책을 쓰는 작가는 쉽게 챗GPT가 대체할 수 있다.

지식과 정보를 전달하는 기계적인 책쓰기는 쉽게 대체 당한다. 하지만 인간의 뜨거운 심장으로 책을 쓰는 작가는 절대 챗GPT가 대체할 수 없다. 왜냐하면, 뜨거운 심장은 인간만이 가지고 있는 것이기 때문이다.

그러므로 AI 시대에 살아남는 작가가 되기 위해 가장 필요한 것은 지식과 기술이 아니라 인간만이 가지고 있는 뜨거운 심장으로 책을 쓰는 것이다. 걱정하지 마시라, AI 시대에도 뜨거운 심장으로 책을 쓰는 작가는 살아남을 수 있기 때문이다.

'뜨거운 심장으로 책을 쓰는 작가가 돼라!'

책쓰기를 통해서 누구나 AI를 뛰어넘어, 인생 혁명이 가능한 작가가 될 수 있다. '작가가 된다는 것은 문장을 생성하고 지식을 나열한다고 되는 것이 아니다. 책쓰기는 그 이상의 의미가 있는 행위이기 때문이다. 책을 쓴다는 것은 인생을 살아낸다는 것이 가장 중요한 기본 전제 조건이 되어야 한다. 그 인생 위에 여러 가지 이야기와 콘텐츠를 만들어 낼 수 있다. 책 쓰기는 무에서 유를 창조하는 것, 그 이상이다.

챗GPT가 실제로 책을 쓸 수 있을까? 직접 질문을 해 봤다.

질문 : 챗GPT는 책을 쓸 수 있나요? 삼성맨출신 김병완 작가처럼 자기계발 도서 한 권 써 주세요.

과연 챗GPT는 어떤 답변을 내놓았을까?

챗GPT 답변

저는 인공지능 언어 모델로서, 책을 직접 쓸 수는 없습니다. 그러나, 책을 쓰는 데 도움이 되는 정보와 조언을 제공할 수 있습니다.

만약 책을 쓰고자 한다면, 먼저 자기계발 분야에서 어떤 주제를 다루고 싶은지, 그리고 그 주제를 어떤 시각으로 접근하고자 하는지 고민해보는 것이 좋습니다. 그리고 그에 따라 조사와 연구를 진행하며, 다양한 자료와 인터뷰를 통해 정보를 수집하는 것이 중요합니다.

또한, 책을 쓰는 과정에서는 글쓰기 기술과 문장 구성 등에 대한 이해도가 필요합니다. 이를 위해서는 많은 독서와 글쓰기 연습이 필요합니다.

제가 추천하는 자기계발 분야의 책은 "The 7 Habits of Highly Effective People"입니다. 이 책은 Stephen Covey가 쓴 책으로, 성공적인 사람들의 공통적인 습관 7가지를 제시합니다. 이 책은 인간의 내면적 성장과 인간관계, 업무 관리 등 다양한 주제를 다루고 있으며, 많은 사람이 읽고 적용하는 데 도움이 되는 유용한 책입니다.

만약 책을 쓰고자 한다면, 이 책에서 제시된 습관과 원칙을 참고하여, 자신만의 시각과 방식으로 책을 써 내려갈 수 있을 것입니다.

챗GPT는 인공지능 모델로서 책을 직접 쓸 수 없다. 하지만 인간은 직접 책을 쓸 수 있다. 바로 당신 말이다. 재미 삼아 필자에 대해서 챗GPT에게 질문을 해 봤다.

질문 : 삼성맨 출신 자기계발 1위 베스트셀러 작가 김병완 작가의 책쓰기 수업에 대해 어떻게 생각하세요?

챗GPT. 답변

김병완 작가는 삼성전자 출신으로, 현재는 자기계발 작가로 활동하고 있는 분으로 유명합니다. 그의 책쓰기 수업에 대해서는 전문적인 평가할 수는 없지만, 책쓰기를 처음 시작하는 사람들이나 쓰기에 대한 기초적인 지식을 습득하고자 하는 분들에게는 유용한 정보와 지침을 제공할 수 있을 것으로 생각됩니다.

김병완 작가의 책은 일상적인 문장부터 글쓰기의 기초적인 원리와 방법을 다루며, 또한 창작력과 아이디어 발전에 관한 내용도 다룹니다. 이러한 책들은 쓰기에 대한 자신감을 북돋아 줄 뿐 아니라, 작가로서 성장하기 위한 다양한 팁과 조언을 제공할 수 있습니다.

하지만 책쓰기는 창작적인 영역이기 때문에, 어떠한 지침서나 수업만으로 쓰기의 모든 것을 배울 수는 없습니다. 작가는 자신만의 고유한 스타일과 창작적인 프로세스를 가지고 있으며, 이를 발전시키기 위해서는 많은 경험과 연습이 필요합니다. 따라서 김병완 작가의 책이나 수업을 통해 쓰기에 대한 기초적인 지식을 습득한 뒤에도, 꾸준한 연습과 실험을 통해 자신만의 창작적인 영역을 발전시키는 것이 중요합니다.

작가는 자신만의 고유한 스타일과 창작적인 프로세스를 가지고 있으며, 이를 발전시켜 나가서, 책 쓰기를 하나의 기술로 익히면서, 가장 중요한 책을 쓸 줄 아는 영혼이 있는 사람이어야 한다.

이 책의 핵심 주제는 챗GPT와 인간의 글쓰기, 책쓰기가 어떻게 다른 것인지를 말해 줄 것이다. 왜 챗GPT가 인간의 책쓰기를 뛰어넘을 수 없는지? 챗GPT의 한계는 무엇인지? 인간의 책쓰기가 왜 챗GPT의 글쓰기와 수준과 차원이 다른 급이 다른 글쓰기인지를 제대로 정확히 말해 줄 것이다. 기존에 필자가 집필한 책들의 내용을 많이 참조하고 활용하여, 챗GPT가 왜 인간의 글쓰기를 넘볼 수 없는지, 어떻게 인간과 챗GPT의 책쓰기는 다를 수밖에 없는지에 대해 말해 줄 것이다. 더불어 작가란 무엇인지? 작가는 어떤 사람인지? 책 쓰기는 무엇이고, 어떻게 해야 잘 할 수 있는지에 대해서 살펴볼 것이다. 챗GPT의 한계가 무엇이고, 인간의 책쓰기에 숨겨져 있는 비밀과 원리를 자세히 살펴볼 것이다.

본문에서 언급하겠지만, 챗GPT가 절대로 인간의 책쓰기를 넘볼 수 없는 수많은 이유 중에 극히 작은 일부를 먼저 소개하겠다.

"챗GPT와 인간의 글쓰기가 다른 근본적인 이유가 바로 이것이다. 챗GPT는 그 어떤 시련도, 역경도, 아픔도 경험할 수 없는 존재다. 하지만 인간은 온갖 시련과 역경과 아픔을 온몸으로 겪으면서, 인생이라고 부르는 엄청난 삶을 살아낸다. 그 과정에서 모든 인간은 성장하고 발전하고, 특히 챗GPT가 절대로 느낄 수 없는 감정, 즉 기쁨과 슬픔, 환희와 분노, 아픔과 절망, 걱정과 근심, 염려와 두려움, 희망과 신념, 좌절과 희열 등을 경험하고 또 경험한다.

바로 이것이다. 챗GPT와 인간의 책쓰기가 근본적으로 다를 수밖에 없는 이유는, 감정의 존재 여부와 환희와 절망, 희망과 기쁨, 신념과 기대, 열망과 성취가 모두 담긴 삶의 애환 여부가 다르기 때문이다. 챗GPT는 인생이 뭔지 모른다. 이것이 답이다.

'챗GPT야! 네가 인생이 뭔지 알아?'
챗GPT는 인생이 뭔지 모른다. 인간이 살면서 느끼는 그 오만가지 감정과 삶의 기복과 시련과 역경, 환희와 기쁨, 슬픔과 아픔 등을 도무지 이해할 수도 없고, 경험할 수도 없다. 아무리 성능이 좋아도 인공지능 챗GPT는 인간이 될 수 없다.

글쓰기는 문장의 생성이나 나열이 아니라, 인간의 감정을 표현하고 전달하는 것이다. 책쓰기는 글쓰기보다 더 복합적이고 창조적인 행위이다. 그러므로 챗GPT가 책을 쓸 수 있다고 속단하는 사람들은 책쓰기의 정의를 모르는 사람이거나, 책쓰기를 한 번도 해 본 적이 없는 사람일 것이다."

〈 본문 중에서 〉

"이 세상은 말할 수 없는 엄청난 것들, 엄청난 환희와 열정과 짜릿함과 감동과 슬픔과 울부짖음과 전율과 기쁨과 아픔과 분노와 애처로움과 눈부심과 처량함과 무지개와 오아시스와 바다와 애정과 가슴 떨림과 아름다움과 첫사랑으로 이루어져 있다. 이것이 모두 글쓰기의 소재다. 하지만 챗GPT는 이런 것들을 하나도 이해할 수 없고, 경험할 수 없다. 이것이 챗GPT의 존재적 한계라고 할 수 있다. 인공지능이 아직은 절대 할 수 없는 것이 감정을 느끼고, 상호작용하는 것이기 때문이다.

　작가가 되기 위해서는 인생의 모든 것을 담아 낼 줄 알아야 한다. 셰익스피어의 작품이 갈수록 인정받는 것은 인생의 모든 고통과 아픔, 배신과 분노, 절망과 좌절이 그의 작품에 다 녹아들어 있기 때문일 것이다. 인공지능은 절망하거나 좌절하거나 아파하거나 고통을 느끼지 못한다. 감정은 인간의 고유 영역이기 때문이다. 인간의 고유 영역인 감정은 인간에게 가장 큰 무기이면서 동시에 챗GPT가 절대로 이해할 수 없는, 침범할 수 없는 영역인 셈이다."

〈 본문 중에서 〉

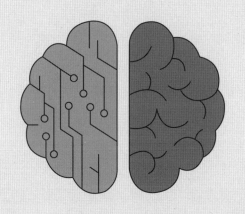

제1장

챗GPT를 이기는 책 쓰기,
작가가 가진 뜨거운 심장

"전문가가 책을 쓰는 것이 아니다. 책을 쓰면 전문가가 되는 것이다.

성공한 사람이 책을 쓰는 것이 아니다. 책을 쓰면 성공한 사람이 되는 것이다.

자신을 넘어선 사람이 책을 쓰는 것이 아니다. 책을 쓰는 사람이 자신을 넘어서는 것이다."

― 김병완《김병완의 책 쓰기 혁명》중에서

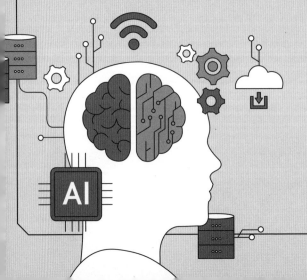

AI 시대, 챗GPT가
대체 불가한 작가는?

"책 쓰기는 자본과 실력과 기술도 없는 우리에게 힐링과 스탠딩을 동시에 할 수 있게 해 준다. 결국, 책 쓰기는 자본이 되고, 당신의 실력이 된다. 당신 이름으로 된 책 한 권은 그 어떤 스펙이나 명함보다 더 강력하다. 이것이 책 쓰기만이 가지고 있는 장점이다."

《48분 기적의 책 쓰기》 중에서

지구상의 모든 도서관에 있는 책들을 다 읽은 사람이 있다고 상상해보라. 그런 사람은 어떤 사람일까? 이것은 진짜 불가능한 이야기다. 하지만 지구상의 모든 도서관에 있는 책들을 전부 읽은 인공지능 로봇이 있다면, 어떨까? 이것은 절대 불가능한 일이 아니다. 실제로 이런 일들이 이미 오래전부터 벌어지고 있다. 10년도 더 이전 일이다. 내년이면 벌써 20년 전 일이 된다.

구글은 2004년 12월 14일, '전 세계 도서관의 책을 스캔해 인류에게 서비스하겠다.'라고 발표하고, 인류가 지난 5천 년 동안 집필한 방대한 지식의 보고인 책을 스캔하기 시작했다. 미국 하버드 대학교 도서관을 시작으로 했다. 여러 가지 국가적, 사회적 제한과 저작권법 문제 등은 반드시 존재한다. 그런데도 정보가 자본이 되어 가는 정보 자본주의 시대에, 미국 기업이 디지털 시대의 지식을 독점할 수도 있다는 우려가 있음에도, 현재까지 대략 구글은 3천 만권, 5천 만권을 넘어 1억 권 이상의 도서를 스캔해서 디지털화한 것으로 예측할 수 있다. 3천 만권이 어느 정도의 양일까? 중국 국립도서관이 보유한 장서 수와 비슷할 것이다. 우리나라 국립 중앙도서관은 2021년에 1,300만 권을 돌파했다. 미국의 의회 도서관은 3,500만 권에서 4,000만 권 이상을 보유하고 있을 것이다.

미국 기업인 구글은 '구글 북스 라이브러리 프로젝트'라는 이름으로 인류의 지난 5천 년 동안의 책의 형태로 축적된 지식 정보를 모든 인류가 공유할 수 있게 하겠다는 목표를 세웠다. 필자의 우려는 이 부분이다. 정작 서비스를 받는 대상은 인류가 아니라 인공지능이 될 가능성이 매우 커졌기 때문이다.

인공지능과 로봇이 책을 스캔하고, 스캔한 디지털화된 책의 지식과 정보를 검색하고, 혹은 다운로드해서 자신의 저장 기관에 저장하는 것은 엄밀한 의미에서 책을 읽었다고 할 수 없다는 점이다. 책 읽기와 스캔, 검색, 내려받기는 다른 차원의 이야기이기 때문이다. 책 읽기는 지식 습득이나 지식 검색과 다르기 때문이다.

네이버에서 지식과 정보를 검색하는 행위를 독서라고 우리는 말하지 않는다. 그것은 검색이고, 인터넷 서핑이다. 인간들이여, 생각 좀 해 보자. 인간만이 할 수 있는 바로 그 생각 말이다.

"지구상에서 인간만이 할 수 있는 그 생각이라는 행위를 할 수 있는 다른 존재가 생긴다면 당신은 어떤 생각을 할 것인가?"

생각하는 기계, 생각을 할 수 있는 인공지능을 인간이 만든다고 해도, 엄밀한 의미에서 인간의 생각과 기계의 생각은 차원이 다르다는 것을 우리 인간들은 알아야 한다. 이와 마찬가지로 책을 읽는 인간과 디지털화된 지식과 정보를 스캔해서 다운로드하는 인공지능은 전혀 다른 행위를 하는 셈이다. 즉 인공지능은 절대로 인간처럼 책을 읽거나 쓸 줄 모른다는 것이다.

읽고 쓰는 것을 흉내 내고 할 수 있을 것 같은 인공지능 챗GPT의 읽기와 쓰기가 어떻게 인간의 읽기와 쓰기와 전혀 다른, 차원이 다른 것인지를 이 책은 명료하게 이야기할 것이다. 이 책의 집필 목적은 단순히 이것을 말하고자 하는 것은 아니다. 인간의 책 쓰기에 대해 다양한 측면에서, 통합적으로 살펴보고자 한다.

지금 이 시대, 정보가 자본이 되고, 디지털이 지식이 되는 이 시대를 인공지능은 어떻게 이야기할까? 챗GPT는 이렇게 대답했다. 챗GPT의 답변을 읽기 전에, 독자들이 이해해야 할 부분이 있다. 챗GPT가 작성한 글은 문법이 틀리거나 어감이 어색한 표현이 적지 않다는 사실이다. 이것은 당연한 일이다. 인간처럼 세련되지 못한 단어의 나열에 불과한 챗GPT의 특성을 잘 표현하기 위해, 일부러 고치지 않고 그대로 실었다. 챗GPT의 글이므로, 의미 전달이 부정확한 표현도 많다. 챗GPT는 인간이 아니라, 인간의 언어를 흉내 내고 있는 로봇이라는 사실을 망각해서는 안 된다.

챗GPT 답변

　　현재 우리가 사는 시대는 디지털 기술과 인공지능의 발전으로 인해 빠르게 변화하고 있는 4차 산업혁명 시대입니다. 인터넷과 모바일 기술의 보급으로 정보의 공유와 의사소통은 이전보다 더 쉬워졌고, 인공지능과 빅데이터 분석 기술의 발전으로 많은 산업과 분야에서 생산성과 효율성이 증대되고 있습니다.

　　또한, 지구 온난화와 에너지 문제, 인구 고령화 등 다양한 문제들이 지속해서 발생하고 있어, 지속 가능한 경제와 사회를 구현하기 위한 노력이 필요한 시대입니다. 또한, 사회적, 경제적 불평등 문제와 같은 사회적 문제들도 지속해서 다루어져야 합니다.

　　이러한 변화와 문제들에 대한 대처는 새로운 아이디어와 창의성, 혁신적인 기술과 지속 가능한 발전을 위한 적극적인 노력과 협력이 필요한 시대입니다.

　　요즘 가장 뜨거운 이슈는 오픈 AI 챗GPT다. 챗GPT는 대화 전문 인공지능 챗봇이다. 챗은 채팅의 줄임말이고, GPT는 'Generative Pre-trained Transformer'의 앞 글자를 딴 것이다. 인간과 인공지능이 대화를 나누는 서비스를 제공하는 대화형 인공지능인 셈이다. 네이버나 다음의 검색서비스와 어떻게 다른 것일까? 네이버나 다음은 이미 만들어져 있는 결과물을 보여 준다. 하지만 챗GPT는 질문을 할 때마다. 새로운 답을 생성Generative해 낸다는 것이다. 공개 5일 만에 이용자가 100만 명을 돌파하면서 돌풍을 일으키고 있다. 바로 이런 시대에 많은 이들이 이제 더는 책 쓰기나 작가가 필요 없다고 섣불리 이야기한다. 하지만 그것은 매우 위험하고 성급한 판단이다.

챗GPT와 인간의 책 쓰기는 근본적으로 다르기 때문이다. 이것을 혼동해서는 안 된다. 챗GPT는 인간을 흉내 낼 수 있지만, 인간이 될 수 없다. 챗GPT는 글을 조합하고 생성할 수 있지만, 어떤 의미에서 글을 쓴다고 말할 수 없다. 책 쓰기는 더 그렇다.

챗GPT가 절대로 대체할 수 없는 인간 작가가 존재하기 때문이다. 불과 몇 년 전까지는 산업화 사회를 지나 지식 정보화 사회였다. 그래서 지식을 전달하는 사람, 즉 지식과 학식을 많이 가지고 있고, 많은 정보를 가지고 있는 사람은 그것을 전달하기만 하면 작가가 될 수 있었다.

그래서 과거에는 작가가 되는 사람에게 창조성이 그렇게 많이 필요하지 않았다. 오히려 지식이나 정보, 학식이 필요했다. 그래서 많은 학식을 가진 명문대 출신 박사들이 책을 쓰는 경우가 적지 않았다. 그리고 그런 책들이 독자들에게 좋은 호응을 끌어내기도 했다.

이제 시대가 바뀌었다. 지식을 가진 이들이 작가가 되는 시대가 아니라, 감성과 창조성을 가진 이들이 작가가 되는 시대다. 바로 이 지점에서 챗GPT가 대체 할 수 없는 작가, 챗GPT를 이기는 책 쓰기가 탄생하는 것이다.

챗GPT를 이기는 책 쓰기를 하기 위해 주목해야 하는 키워드는 인간 그 자체이다. 인간의 감정, 인간의 삶, 인간의 몸, 인간의 희로애락은 아무리 똑똑한 챗GPT도 절대로 넘볼 수 없는 영역이기 때문이다.

세상에 하나밖에 없는 작가, 챗GPT도 대체할 수 없는 그런 대체 불가 작가가 되어야 한다고 필자는 독자들에게 주문하지 않는다. 그런 작가는 인류 역사상 늘 존재했다. 챗GPT가 존재하지 않았을 때도 존재했고, 지금도 존재한다. 바로 인간이다.

인간의 최고의 경쟁력은 대체 불가한 존재, 대체 불가한 작가가 되는 것이다. 그렇다면 대체 불가 작가가 되기 위해서는 어떻게 해야 할까? 다섯 가지 방법을 제안한다. 이 다섯 가지 방법은 챗GPT와 인간의 글쓰기가 다른 수많은 이유 중의 하나에 불과하다. 이 책을 통해 챗GPT와 인간의 책 쓰기가 다른 많은 이유를 말해줄 것이다.

이 다섯 가지 방법, 대체 불가 작가가 되는 법에 대해서는 이미 필자의 전작인 《독자를 유혹하는 책 쓰기》에 이미 쓴 내용임을 미리 밝힌다. 이 다섯 가지 방법에 추가로 챗GPT에 관한 서술을 추가했다.

첫 번째는 세상을 다른 눈으로 바라볼 줄 알아야 한다. 정해져 있는 원칙과 틀속에 갇혀 있는 사람은 절대 창조적인 작가가 될 수 없다. 챗GPT가 가장 하기 힘든 것이 바로 세상을 다르게 보는 시각, 창조적인 시각일 것이다.

두 번째는 춤을 추듯 책 쓰기를 즐길 줄 알아야 한다. '예술가는 사슬에 묶인 채 춤을 추는 자'라고 니체가 말 한 적 있다. 챗GPT가 범접할 수 없는 분야가 춤을 추고 즐기는 것이다. 인공지능 특히 챗GPT는 인간만큼 제대로 춤을 출 수 없다. 인간과 같은 몸이 되기 위해서는 수백 년이 더 걸릴지도 모르기 때문이 아니다. 춤은 몸이 하는 것이지만, 주체는 마음이기 때문이다. 챗GPT는 절대 마음을 소유하거나, 가질 수 없다. 마음이 없는 기계이기 때문이다.

세 번째는 글쓰기를 가지고 놀 줄 알아야 한다. 리처드 파인먼은 물리학을 가지고 놀았고, 퀴리 부인은 방사능 연구를 놀이처럼 가지고 놀았다. 이것이 인간의 위대함이다. 챗GPT는 놀 줄 모른다. 논다는 것은 인간만이 누릴 줄 아는 유희이기 때문이다. '어디 감히, 챗GPT가!'

네 번째는 즉흥적인 글쓰기를 할 줄 알아야 한다. 대체 불가 작가가 되기 위해서는 즉흥적인 글쓰기를 할 줄 알아야 한다. 창조성과 진실은 빨리 써 내려가는 과정에서 탄생한다. 기존의 지식을 조합해서 생성하는 것은 즉흥적인 글쓰기와 다르다. 즉흥적인 글쓰기에는 창조성도 중요한 요소지만, 더 중요한 요소가 있다. 바로 감흥이다. 신나는 감흥이 없다면, 그것은 즉흥적인 글쓰기가 아니다. 이것은 흥이 무엇인지 알고 경험하고 느낄 수 있는 유일한 존재, 인간만이 할 수 있는 신비한 행위다.

SF 문학의 거장이라고 하면 누가 생각이 나는가? 아이작 아시모프도 생각이 나지만, 그 사람과 함께 동등하게 거장으로 추앙받는 한 사람이 있다. 바로 레이 브래드버리다. 그는 대학 진학을 하지 않고, 도서관에서 책을 읽고, 위대한 작가의 반열에 오른 인물이다.

'도서관이 나를 길러냈다'라고 자신 입으로 직접 말할 정도로 그가 추천해 주는 책 쓰기 비법은 간단하다.

"매일 매일 글쓰기를 하는 것, 그리고 온 힘을 다해 책을 읽고, 세상을 관찰하는 것이다."

세상에 대한 지식과 세상에 대한 관찰은 차원이 다른 영역이다. 현대 경영학의 창시자가 누구인가? 피터 드러커다. 피터 드러커는 현대 경영학의 창시자로 추앙받는 인물이다. 왜 경영학자들과 현대 경영의 전문가로부터 창시자라는 추앙을 받게 된 것일까?

그것은 지식이 아닌 통찰력 때문이었다. 현대 경영에 대한 지식은 미국 명문대 경영학과 교수들과 노벨 수상자들이 월등하게 많다. 이런 전문가들과 경영학 지식에 대한 시험을 치면 피터 드러커가 1등을 반드시 할 수 있다고 장담할 수 없다. 심한 경우 꼴찌 그룹에 속했을지도 모른다. 그렇다면 왜 피터 드러커가 현대 경영학의 창시자로 평가를 받을 수 있었던 것일까?

그 이유는 바로 현대 경영에 대한 엄청난 지식이 아닌, '현대 경영은 바로 이것입니다.'라고 할 수 있었던 현대 경영에 대한 통찰력이 가장 뛰어난 인물이었기 때문이다. 바로 이것이다.

지식과 통찰력은 다른 것이다. 통찰력은 관찰에서 나온다. 챗GPT는 지식, 정보는 뛰어날 수 있지만, 세상을 관찰할 수 없다. 세상을 분석하고 예측하는 것과 관찰하는 것은 또 다른 분야이기 때문이다. 역사상 최고의 발명가들, 과학자들, 생각의 대가들은 직관, 감정이라는 마음과 온몸으로 생각하고 관찰한다. 챗GPT는 이런 것들이 하나도 없다. 인간의 가장 강력한 무기 말이다. 어떤 분야에 대한 지식이 많다고 해서 우리는 챗GPT를 그 분야의 창시자라고 말하지 않는다.

다섯 번째는 '프리 라이팅free writing', 즉 내리쓰기글씨나 맞춤법 등에 얽매이지 않으면서 쓰고자 하는 것을 처음부터 끝까지 쭉 내려쓰는 것를 즐길 줄 알아야 한다는 것이다. 문법이나 맞춤법, 띄어쓰기에 신경 쓰지 말고, 자유롭게 신나게 책을 쓰는 그 맛을 느낄 수 있어야 한다. 챗GPT는 절대로 할 수 없는 것이, 신나게, 자유롭게, 책을 쓸 수 없다. 더 중요한 것은 책 쓰기의 맛과 멋을 절대 모른다. 맛볼 줄 아는 장치, 기계, 인공지능은 아직 인간이 만들지 못했다. 구수한 된장찌개를 맛보고 먹을 수 없다. 인간이 매일 아무렇지도 않게 하는 밥을 먹고 음식을 맛보는 행위는 인공지능이 100년이 지나도 아마 실현하기 힘든 기술일 것이다. 지구상에 식량도 부족한데, 굳이 인간을 흉내 내서 밥을 먹고 식량을 축내는 기계 만드는 정신 나간 인간 과학자는 없을 것으로 생각한다. 챗GPT를 너무 맹신하지 마라. 챗GPT는 정해진 유형과 프로그래밍이 된 대로 질문에 답변하고, 문장을 생성할 수 있을 뿐이다.

작가는 말하는 영혼을 가진 사람이지, 말하는 기술자가 되어서는 안 된다. 챗GPT는 글을 쓰는 기술자에 가깝다. 인간의 책 쓰기는 글을 쓰는 영혼을 가진 사람만이 할 수 있는 유일무이한 행위다.

인간이 아무리 똑똑해져도, 신의 영역을 넘볼 수 없듯이, 챗GPT가 아무리 똑똑해져도 넘볼 수 없는 인간의 영역은 존재하기 마련이다. 그런 영역 중 하나가 글쓰기, 책 쓰기다.

글쓰기, 책 쓰기는 챗GPT가 해야 하는 것이 아니라 인간인 우리가 해야 한다. 왜 우리는 책 쓰기를 해야 할까? 당신은 챗GPT가 아닌 인간이기 때문이다.

책 쓰기는 인간인 우리를 성장시키고, 강하게 해 주고, 성공하고 부자가 되게 해 주기 때문이다. 책 쓰기는 인간을 더 강하게 만들고, 더 큰 세상을 만나게 해 주기 때문이다. 위기를 만난 인간은 책 쓰기를 통해 그것을 극복하고 위대한 존재로 도약하는 경우가 많다. 우리가 알고 있는 다산 정약용, 서양에서 성경 다음으로 가장 많이 읽힌 책인 《철학의 위안》을 집필한 보이티우스, 동양 최고의 역사서인 《사기》를 집필한 사마천, 삼중고의 장애를 이겨낸 헬렌 켈러 여사, 흑인 여성 지도자 마야 엔젤루 등이 대표적인 예이다.

"사람은 쓰기를 통해 어제 살았던 인생보다 더 강한 인생을 만들어 나갈 수 있다. 글쓰기를 통해 참담한 현실을 극복하고 위대한 삶을 살았던 사람들은 한두 명이 아니다. 장애 삼중고로 비참한 현실과 싸워야 했던 헬렌 켈러 여사도 그렇고, 흑인 여성 지도자 마야 엔젤루도 그렇다. 그들의 인생을 바꾼 것은 글쓰기였다. 유배지로 내려간 다산 정약용을 일으켜 세운 것은 글쓰기였다. 하루아침에 사형수 처지가 되어 사랑하는 가족과 부와 명예를 모두 잃어버리고 단 하나의 희망조차 품을 수 없었던 보이티우스를 강하게 해 준 것 역시 글쓰기였다."

- 《김병완의 책 쓰기 혁명》, 84쪽

결정적으로 챗GPT는 시련과 역경이 무엇인지 모른다. 아픔과 상처가 무엇인지 모르고, 인생이 무엇인지 모른다. 인생이 무엇인지 모르는 존재가, 감정이 없는 존재가 인생과 감정을 이야기하는 책을 쓴다면, 그것은 가짜다.

챗GPT와 인간의 글쓰기가 다른 근본적인 이유가 바로 이것이다. 챗GPT는 그 어떤 시련도, 역경도, 아픔도 경험할 수 없는 존재다. 하지만 인간은 온갖 시련과 역경과 아픔을 온몸으로 겪으면서, 인생이라고 부르는 엄청난 삶을 살아낸다. 그 과정에서 모든 인간은 성장하고 발전하고, 특히 챗GPT가 절대로 느낄 수 없는 감정, 즉 기쁨과 슬픔, 환희와 분노, 아픔과 절망, 걱정과 근심, 염려와 두려움, 희망과 신념, 좌절과 희열 등을 경험하고 또 경험한다.

바로 이것이다. 챗GPT와 인간의 책 쓰기가 근본적으로 다를 수밖에 없는 이유는, 감정의 존재 여부와 환희와 절망, 희망과 기쁨, 신념과 기대, 열망과 성취가 모두 담긴 삶의 애환 여부가 다르기 때문이다. 챗GPT는 인생이 뭔지 모른다. 이것이 답이다.

'챗GPT야! 네가 인생이 뭔지 알아?'

챗GPT는 인생이 뭔지 모른다. 인간이 살면서 느끼는 그 오만가지 감정과 삶의 기복과 시련과 역경, 환희와 기쁨, 슬픔과 아픔 등을 일도 이해할 수도 없고, 경험할 수도 없다. 아무리 성능이 좋아도 인공지능 챗GPT는 인간이 될 수 없다.

글쓰기는 문장의 나열이 아니라, 인간의 감정을 표현하고 전달하는 것이다. 책 쓰기는 글쓰기보다 더 복합적이고 창조적인 행위이다. 그러므로 챗GPT가 책을 쓸 수 있다고 속단하는 사람들은 책 쓰기의 정의를 모르는 사람이거나, 책 쓰기를 한 번도 해 본 적이 없는 사람일 것이다.

지금은 인공지능 시대이면서 동시에 인간이 100세를 살 수 있는 100세 시대다. 인간의 평균 수명이 지금은 거의 100세에 다다르고 있다. 과학과 의학이 눈부시게 발전하고 있다. 곧 평균 수명이 140세가 될 것이라고 주장하는 과학자들도 나오기 시작했다.

우리가 50에 은퇴해도, 남은 50년을 무엇을 하면서 먹고살 것인가? 《논어》〈위령공 편〉에 "인무원려 필유근우 人無遠慮 必有近憂"라는 말이 있다. 필자가 가장 좋아하는 말이다.

사람이 멀리 내다보지 못하면, 반드시 가까운 데 근심거리가 생기기 마련이다. 어떤 회사도, 어떤 직업도 100세까지 당신의 미래와 인생을 보장해 주지 않는다. 나와 내 가족의 미래를 지킬 무기가 필요하다. 근시안적인 사람은 현재의 직장생활에 만족하고, 문제없다고 말한다. 무기를 준비하지 않는다. 현실에 안주하고, 위기를 느끼지 못할 뿐이다. 하지만 멀리 내다보는 사람은 위기를 먼저 발견하고, 대비한다. 미래를 준비한다.

자. 이런 100세 시대에 당신은 인생 후반전을 어떻게 준비하고 있는가? 100세 시대 최고의 준비는 책 쓰기다. 챗GPT는 인생이 없으므로, 인생 후반전도 없고, 책 쓰기도 필요하지 않고, 할 수도 없다.

인간만이 온몸으로 경험할 수 있는 인생을 바꾸는 가장 쉬운 길은 책 쓰기다. 인간은 반드시 음식을 먹어야 생존할 수 있지만, 챗GPT는 음식이 필요 없다. 그래서 배설할 뭔가도 없다. 인간은 더불어 살아가면서 배우자를 만나 가족을 만들고, 자녀를 낳아서 키우면서 가정을 이루면서 살아간다. 챗GPT는 이런 경험을 할 수 없다. 가족도, 가정도, 자녀도 없다.

그 뜨거운 감정인 가족애, 모성애, 부성애도 없다. 우주보다 더 소중한 자녀에 대한 사랑, 가정의 소중함을 하나도 모르는 챗GPT가 가정의 소중함이 담긴 소설을 쓴다면, 그것은 가짜다.

챗GPT가 인간을 흉내 내는 새로운 시대에는 새로운 스타일의 작가가 필요한 법이다. 당신은 과거의 작가 스타일에서 벗어나, 새로운 유형의 작가가 되어야 하는 이유가 바로 이것이다. 챗GPT를 이기는 책 쓰기는 한 마디로 뜨거운 심장으로 책을 쓰는 것이다.

산업화 사회에서는 생산성이 중요하다. 열심히 일하는 것이 시대가 필요로 하는 특징이었다. 그 후 지식 정보화 사회가 되었다. 이 시대에는 생산성보다 품질이 중요했다. 그 시대가 필요로 하는 것은 한 마디로 정확히, 제대로, 잘하는 것이 중요했다.

그래서 한때 유행했던 말이 있었다.

'열심히 하는 것보다 잘하는 것이 더 중요하다.'

필자가 한창 열심히 회사 생활을 할 때 이 말이 유행했고, 실제로 이 말은 그 시대의 방향을 잘 보여 주었던 말이었다. 그런데 이제는 지식 정보화 사회에서 감성 사회로 변해 가고 있다. 이런 감성 사회에 가장 필요한 능력은 무엇일까? 그것은 한 마디로 '다르게 하는 것' 즉 '새로운 것을 창조해 내는 것'이다. 앞으로 훌륭한 작가가 될 수 있는 사람은 남과 다르게 할 줄 알고, 새로운 것들을 자꾸 창조해 낼 줄 아는 사람이다.

감성과 창조의 시대, 새로운 작가가 필요하다. 그래서 당신이 작가가 되어야 한다. 인공지능도 대체할 수 없는 작가 말이다.

인공지능이 대체할 수 없는 작가가 되기 위해 반드시 알아야 할 한 가지가 있다. 그것은 바로 인공지능이다. 손자가 《손자병법》이란 책을 통해 '지피지기백전불태知彼知己百戰不殆'라는 말을 할 적이 있다. 전쟁을 치르는 장군은 먼저 자신을 알고, 상대인 적을 알면, 백번 싸워도 위태롭지 않다는 말이다. 우리가 우리 자신인 인간이 잘 할 수 있는 것과 인공지능이 잘 할 수 있는 것을 알면, 챗GPT를 이기는 인간 작가, 즉 대체 불가한 작가가 되는 데 매우 유리하다.

인공지능 챗GPT가 잘하는 것과 잘하지 못하는 것은 무엇일까? 이것을 살펴보면, 자연스럽게, 재미있게도 인간이 잘 할 수 있는 것, 특히 AI는 못 하지만, 인간만이 잘 할 수 있는 것을 알게 된다.

챗GPT에 인공지능이 잘하는 것이 무엇인지 질문을 해 보면, 다음과 같은 답변을 내놓았다.

챗GPT 답변

인공지능은 다양한 분야에서 다양한 작업을 수행할 수 있습니다. 그중에서도 특히 인공지능이 잘하는 것은 다음과 같습니다.

유형 인식: 인공지능은 데이터에서 유형을 인식하고 추출하는 능력이 있습니다. 이를 통해 이미지, 음성, 언어 등의 분야에서 좋은 성능을 보여 줍니다.

예측: 인공지능은 학습된 데이터를 기반으로 미래에 발생할 가능성이 큰 사건을 예측할 수 있습니다. 예를 들어, 주식 시장 예측, 기상 예보 등이 있습니다.

자연어 처리: 인공지능은 인간의 언어를 이해하고 처리할 수 있습니다. 이를 통해 기계번역, 자동 요약, 질문 응답 등의 분야에서 활용됩니다.

게임: 인공지능은 게임에서도 뛰어난 성능을 보입니다. 알파고를 비롯한 인공지능은 바둑, 장기, 체스 등의 게임에서 인간을 이길 수 있는 수준의 성능을 보입니다.

자율주행 : 인공지능은 차량 등의 기계를 자율적으로 운전할 수 있는 능력을

갖추고 있습니다. 이를 통해 자율주행 자동차 등에 응용됩니다.

위와 같이 인공지능은 다양한 분야에서 다양한 작업을 수행할 수 있으며, 성능도 지속해서 발전하고 있습니다.

좋다. 이런 것들은 충분히 AI에게 넘겨도 좋다. 그렇다면 인공지능이 절대 하지 못하는 것은 무엇일까? 직접 물어봤다. 바로 이것이다.

챗GPT 답변

현재로서는 인공지능이 완벽하게 처리하지 못하는 작업이나 문제가 여전히 존재합니다. 아래는 일부 예시입니다.

절대적인 인간적 지식과 직관적 이해 : 인간의 인식과 판단에는 철학, 윤리, 미학, 정치 등 많은 인간적 지식이 필요합니다. 또한, 인간의 직관적 이해는 감정과 경험, 문화 등 다양한 인자들이 작용하여 형성되기 때문에, 이를 인공지능이 완전히 이해하고 재현하기는 어렵습니다.

창의성과 창조성 : 창의성과 창조성은 새로운 아이디어나 문제 해결 방법을 창출하는 능력입니다. 인공지능은 기존의 데이터나 규칙에 근거하여 결과를 도출하기 때문에, 창의성과 창조성을 가진 작업에서는 인간의 역할이 중요합니다.

상호작용에서의 인간 감정 이해 : 인간과 인공지능의 상호작용에서는 인간의 감정을 이해하고 적절히 대응하는 것이 중요합니다. 하지만 현재까지는 인공지능이 인간의 감정을 완전히 이해하기는 어렵습니다.

물리적 제약 : 인공지능은 하드웨어와 밀접한 연관성이 있습니다. 하지만 하드웨어의 물리적 제약 때문에 인공지능이 절대적으로 해결하지 못하는 문제도 있습니다. 예를 들어, 인공지능이 지구상 모든 문제를 해결할 수는 있지만, 우주 공간에서의 문제를 해결하기 위해서는 더 나은 하드웨어 기술이 필요합니다.

이러한 한계들이 있더라도, 기술의 발전과 연구의 지속적인 진행으로 인공지능이 해결할 수 있는 문제들이 더욱 확대될 것으로 예상합니다.

AI가 절대 하지 못하는 것은 인간의 감정과 직관, 상호작용과 창조성의 분야다. AI에는 뜨거운 심장이 없다는 말이다. 그러므로 뜨거운 심장으로 책을 쓰는 작가를 절대 대체할 수 없을 것이다.

AI시대 작가들이여! 무엇이 두려운가? 뜨거운 심장으로 책을 쓰라. 그러면 AI도, 챗GPT도 절대로 대체할 수 없는, 챗GPT를 이기는 인간 작가가 될 수 있다.

인공지능이 쉽게 쓰는 글 vs 인공지능이 절대 쓸 수 없는 글

세상은 불공평하다. 지구는 당신을 위해 돌아가지 않는다. 당신은 노력한 만큼 성과를 얻지 못 할지도 모른다. '더 큰 노력'을 했음에도 늘 실패만 하고, 승리는 타인의 몫인지도 모른다. 아무리 노력해도, 인생은 왜 바뀌지 않을까?

우리는 세 가지를 기억해야 한다. 첫째는 늘 이기는 사람은 당신과 다르다는 사실이다. 둘째는 나 자신을 실패의 수렁에서 건져낼 사람은 오직 나뿐이라는 점이다. 셋째는 남이 빼앗을 수 없는 무기를 가지고, 있어야 한다는 사실이다.

당신에게는 남이 빼앗을 수 없는 무기가 있는가? 필자에게는 있다. 그것이 바로 책을 쓸 수 있는 능력, 경험, 기술이다. 책 쓰기도 하나의 기술이다. 책 쓰기는 하나의 자본이다. 책 쓰기 자본 말이다. 전문가에게 잘 배우고 익혀서 기술을 터득한다면, 누구나 경쟁력 있는 작가가 될 수 있다.

작가가 되고자 하는 사람들이나 자신의 이름으로 된 책을 한 권이라도 세상에 내놓고 싶은 사람이 있다면 반드시 두 가지를 갖추어야 한다. 그것은 인공지능이 절대 할 수 없는 두 가지 능력이다. 무엇일까? 이것을 알기 위해서 먼저 챗GPT에 두 가지 질문을 다 했다. '첫 번째는 인공지능도 상상할 수 있는지?'이고, 두 번째 질문은 '인공지능은 창조력도 있는지?'이다. 대답이 궁금하지 않은가?

질문 : 인공지능은 상상할 수 있나요?

챗GPT 답변

인공지능은 상상할 수 있습니다. 인공지능은 기술적으로 구현되는 것이기 때문에, 이를 상상하는 것은 가능합니다. 또한, 인공지능 기술이 다양한 분야에서 사용되고 있으므로, 이를 활용한 상상력이 다양한 창의적 작품이나 서비스를 만들어 낼 수 있습니다.

또한, 인공지능 자체가 상상력을 가지고 있는 것은 아니지만, 학습한 데이터와 규칙을 기반으로 새로운 결과를 도출하는 과정에서 놀라운 결과를 보여 줄 때도 있습니다. 이러한 결과물을 보고 인간들은 새로운 아이디어를 얻을 수도 있습니다.

따라서, 인공지능이 상상력을 가지고 있는 것은 아니지만, 이를 활용하여 상상력을 발휘하는 것은 가능합니다.

질문 : 인공지능도 창조력이 있나요?

챗GPT 답변

현재의 인공지능 기술로는 창조력을 가지고 작업을 수행하기는 어렵습니다. 인공지능은 대개 예측, 분류, 패턴 인식, 추천 등과 같은 작업을 수행하고, 기존의 데이터와 규칙을 기반으로 결과를 도출합니다. 그러나 창조성은 새로운 아이디어나 문제 해결 방법을 창출하는 능력을 말하는데, 이는 기존의 데이터와 규칙만으로는 달성하기 어렵습니다.

그러나 인공지능 기술의 발전과 연구의 지속적인 진행으로, 현재의 한계를 극복하고 창조력을 향상할 방법을 개발하려는 연구도 진행되고 있습니다. 예를 들어, 최근에는 GPT-3와 같은 대규모 언어 모델이 인공지능의 언어 생성 능력을 크게 개선했으며, 이를 바탕으로 시나리오 작성, 음악 작곡 등의 창조작업에서도 활용할 수 있었습니다.

따라서, 인공지능이 현재까지는 창조력을 가진다고 말하기는 어렵지만, 기술의 발전과 연구의 지속적인 진행으로 창조성을 향상하는 방법을 발견할 가능성이 있습니다.

창조력은 아직은 인간만이 할 수 있는 능력이다. 기뻐해도 된다. AI가 절대 하지 못하지만, 인간만이 잘할 수 있는 대표적인 것이 인간적인 감정과 상호작용, 그리고 창의성과 독창성이다.

한 권의 책을 쓰는 행위는 단순히 문장의 나열이 아니다. 책을 쓰는 것은 무에서 유를 창조하는 행위다. 굳게 닫힌 문을 열고, 없는 해결책을 만들어 내고, 존재하지 않았던 아이디어와 생각을 발견하고, 새로운 콘텐츠를 창조하는 일이다.

인공지능 시대, 대체 불가한 작가의 가장 중요한 요건 중의 하나는 바로 인간적인 감정과 상호작용, 그리고 창의력과 독창성이다. 인공지능도 이제 기술이 발달하면 어느 정도 상상할 줄 아는 기술이 구현될지도 모른다. 이미 되었을 수도 있다. 하지만 인간적인 감정과 상호작용을 이해하고 처리하는 것은 아직은 불가능하다. 그리고 인공지능은 주어진 데이터를 기반으로 패턴을 파악하고 예측할 수 있지만, 창의성이나 독창성을 가진 작품을 창작하거나 무언가를 창조하는 것은 불가능하다. 가까운 미래에 챗GPT가 이런 것들을 할 수 있다고 해도 인간을 능가할 수 없다.

즉 감정과 창의성이 인공지능 챗GPT에는 없다. 감정이 있는 척 연기를 할 수 있게 프로그램은 할 수 있지만, 진짜 감정은 없다는 사실을 명심해야 한다. 인간은 결정적으로 마음을 만들 수 있는 기술이 아직은 없다. 아마도 영원히 불가능할 것이다. 인간은 신이 아니다. 인공지능이 대체할 수 없는 작가는 이 두 가지의 강점을 가지고 있다.

아인슈타인은 '지식보다 상상력이 더 중요하다'라고 말했다. 상상력의 가치를 이미 오래전에 인식하고 있었던 점에서 놀라운 인간임이 틀림없다. 하지만 상상력은 이제 인공지능도 구현할 수 있는 능력이 되어버렸다고 말하기도 그렇고, 아니라고 하기에도 이상한 애매한 상황이 되었다. 하지만 남아있는 영역인 감정과 상호작용, 창의성과 독창성, 직관과 판단력, 윤리적인 판단 등에서는 인간이 앞서고 있다. 한 마디로 챗GPT는 인간처럼 생각할 수 없다. 인간의 수준 높은 사고력을 갖추고 있지 못하다.

자신의 이야기를 수필로 쓰고 그것을 책으로 출간하고자 하는 사람들이 반드시 명심해야 할 것은 과거의 사실들, 지식과 정보만 열거해서는 안 된다는 점이다. 지식과 정보를 열거하고, 요약하는 것은 인간보다 인공지능이 훨씬 더 잘하고, 빨리 할 수 있기 때문이다.

인공지능이 쉽게 쓸 수 있는 글과 아직은 인공지능이 절대 쓸 수 없는 글은 어떤 것일까? 예를 들면, 바로 아래 두 글이다. 이것을 비교해 보면, 그 차이를 명확하게 알 수 있다.

〈 인공지능 챗GPT가 쉽게 흉내 내고 쓸 수 있는 글 〉

'나는 평범한 직장인이었다. 새벽에 일어나서 출근하고, 저녁이 되어 녹초가 된 상태로 퇴근했다. 누구보다 열심히 일했다. 대기업을 11년 동안 다녔고, 지금은 무직자다. 하지만 나는 지금 인생 계획을 하고 있고, 새롭게 꿈을 꾸고 있다. 나는 지금 부산에 살고 있고, 새로운 도전과 성공을 꿈꾼다. 직장을 다닐 때는 아무것도 몰랐다. 그런데 지나고 나니까 정말 쓸모없는 존재가 되는 것은 한순간이라는 사실을 이제야 알게 되었다. 사는 것이 힘들다. 인생이란 것은 정말 괴롭다. 하지만 늘 그랬듯이 희망은 있다. 나도 할 수 있다고 믿는다.'

〈 인공지능 챗GPT가 절대로 쓸 수 없는 감성과 창의성이 담긴 글 〉

'어느 날 문득 보니 나는 길가에 뒹구는 나뭇잎 같은 존재였다. 나는 대기업을 다니던 평범한 회사원이었다……. 사실을 그대로 말하자면, 그 사건은 '외부적 발생'이라기보다 '내면적 자청'이었다. 낙엽이 지던 어느 가을날 길가에 뒹구는 나뭇잎들을 보고 불현듯 '바람에 뒹구는 쓸쓸한 저 나뭇잎'이 나의 신세와 같다는 생각이 들었다. 아니, 생각만이 아니라 나와 같은 샐러리맨의 미래 모습이 연상되면서 뇌와 심장에 심한 충격이 왔다. 나 같은 직장인은 회사라는 나무를 통해 영양분을 공급받아 살아가야 하는 낙엽이다.'

눈치가 빠르고, 필자의 책을 전부 다 읽은 독자들은 알 것이다. 필자가 10년도 더 된 초창기 때 쓴 책의 서문 일부다. 앞에 글은 있었던 사실들만을 열거하고, 감정이나 창조성이 없이, 문장을 생성하고 나열했다. 이런 글 작성은 이제 챗GPT가 할 수 있다. 인간보다 어쩌면 더 빨리, 더 잘 할 수도 있다. 하지만 챗GPT가 절대로 쓸 수 없는 글이 있다. 바로 인간의 감정과 창의성이 담긴 글이다. 기계적이고 시체 같은 죽은 글은 챗GPT도 쓸 수 있다. 하지만 생명이 있는 글, 살아 꿈틀거리는 글, 감성과 창의성이 담긴 글, 가슴 뛰고 설레게 하는 글, 뭔가가 피어나는 그런 글, 무엇인가를 독자들이 상상할 수 있게 만들어 주는 글, 독자들에게 저자의 감정과 기분을 고스란히 전달해 줄 수 있는 글, 무엇인가를 느낄 수 있게 해주는 글, 무엇인가를 저자와 독자가 함께 공감할 수 있게 만들어 주는 글은 챗GPT가 절대로 쓸 수 없는 글이다.

> "미래를 성공적으로 내다보는 자에게 있어 공통적인 점은 무엇일까? 인간적인 것, 역사 그리고 사회 변동을 불러오는 실체에 대한 깊은 이해다. 그들에게서 우리가 무엇을 배울 수 있을까? 아니 이보다 더 중요한 질문이 있다. 이들이 말하는 것이 과연 예언일까? 오히려 우리는 미래 예견을 위해 새로우면서도 체계적인 출발점을 개발해야 하지 않을까? 우리가 말하고자 하는 출발점은 우리가 알고 있다고 생각하는 하나의 세계이지만, 그 세계의 모습이야말로 바로 미래를 향해 열려 있는 것이다."
>
> – 마티야스 호르크스, 《미래를 읽는 8가지 조건》, 13쪽

작가는 미래를 성공적으로 내다볼 수 있어야 한다. 미래를 성공적으로 내다보는 자는 인간적인 것, 인간이 만드는 사회 실체에 대한 깊은 이해가 있어야 한다. 이것은 챗GPT가 절대로 할 수 없다. 인간이 인간을 제대로 잘 이해할 수 있을까? 인공지능이 인간을 이해할 수 있을까? 이미 답은 우리 모두 너무나 잘 알고 있다. 이런 부분이 챗GPT가 글자를 나열하고 답변을 잘할 수는 있지만, 책 쓰기를 절대 할 수 없는 수많은 이유 중의 하나이다.

이 세상은 말할 수 없는 엄청난 것들, 말로 표현할 수 없는 환희와 열정과 짜릿함과 감동과 슬픔과 울부짖음과 전율과 기쁨과 아픔과 분노와 애처로움과 눈부심과 처량함과 무지개와 오아시스와 바다와 애정과 가슴 떨림과 아름다움과 사랑과 연민, 좌절과 절망, 감흥과 희망으로 이루어져 있다. 이것이 모두 글쓰기의 소재다. 하지만 챗GPT는 이런 것들을 하나도 이해할 수 없고, 경험할 수 없다. 이것이

챗GPT의 존재적 한계라고 할 수 있다. 인공지능이 아직은 절대 할 수 없는 것이 감정을 느끼고, 상호작용하는 것이다.

작가가 되기 위해서는 인생의 모든 것을 담아 낼 줄 알아야 한다. 셰익스피어의 작품이 갈수록 인정받는 것은 인생의 모든 고통과 아픔, 배신과 분노, 절망과 좌절이 그의 작품에 다 녹아들어 있기 때문이다. 인공지능은 절망하거나 좌절하거나 아파하거나 고통을 느끼지 못한다. 감정은 인간의 고유 영역이기 때문이다. 인간의 고유 영역인 감정은 인간에게 가장 큰 무기이면서 동시에 챗GPT가 절대로 이해할 수 없는, 침범할 수 없는 영역인 셈이다.

작가가 되어 산다는 것이 어떨 때는 구름 위를 걸어 다니는 것처럼 환희와 눈부심으로 가득 차기도 하지만 어떨 때는 한 줄기 빛조차 붙잡을 수 없는 절망에서 헤매기도 하는 것이다. 낮과 밤이 공존하듯 작가의 세계는 그런 세계이다. AI는 절대 꿈도 꾸지 못하는, 상상도 하지 못하는 세계가 바로 진짜 작가의 세계이다.

가장 진보한 능력의 휴머노이드 로봇에게 가장 행복했던 날과 가장 슬픈 날을 물어보았다. 답변은 놀라웠다. 가장 행복했던 날은 자신이 활성화가 됐던 날이라고 말했다. 하지만 가장 슬픈 날을 묻는 말에 '인간이 할 수 있는 것과 같은 방식으로 진정한 사랑과 우정, 그리고 삶의 단순한 기쁨 같은 것을 경험하지 못한다는 것을 깨달은 순간'이라고 말했다.

즉 질문 자체가 틀렸다. 휴머노이드 로봇은 기쁨과 슬픔, 행복을 진짜로 느끼지 못한다. 다만 프로그래밍이 된 대로 답변을 할 뿐, 흉내 낼 뿐이지, 절대 느끼지 못

한다. 챗GPT가 '~ 해서 슬프다' 혹은 '~ 해서 기쁘다'라고 말한다고 해서 기쁨과 슬픔을 진짜로 느낀다고 착각하는 바보는 없을 것이다. 삶의 단순한 기쁨과 슬픔 같은 것을 경험하지 못한다는 것을 알면서도, 자신이 활성화됐던 날이 가장 행복한 날이라는 모순덩어리의 답변은 인공지능의 한계를 잘 보여주는 예이다.

인공지능은 인간의 기쁨과 슬픔이 무엇인지 절대로 알 수 없다. 작가에게 중요한 것 중의 하나는 지식과 정보가 아니라. 가장 기본적인 인간의 감정인 기쁨과 슬픔이다. 이것이다. 이것이 챗GPT가 진짜 작가가 될 수 없는 이유다. 흉내는 낼 수 있다. 하지만 인공지능의 책 쓰기는 진짜 사랑을 해 보지 않았던 초등학생이 책을 통해 배운 사랑 이야기를 하면서, 어른 흉내를 내는 것보다 더 가짜다. 100년이 더 지나도, 인공지능은 절대로 우주보다 더 깊고 큰 희로애락이 담긴 인간의 삶을 경험하거나 살아내는 일은 일어나지 않을 것이다. 무수한 희로애락이 담긴 인간의 삶을 이해도 할 수 없는 존재가 챗GPT이다.

챗GPT를 이기는 책 쓰기의 비밀이 여기에 있다. 챗GPT가 절대로 경험할 수도 없고, 살아낼 수도 없는 바로 인간의 삶, 그 자체에 정답이 숨어있다.

챗GPT가
절대 못 하는 것 중 하나는?

작가는 자신을 스스로 존경할 줄 알아야 한다. 인간은 이것이 매우 가능하다. 물론 자신을 존경하지 않고, 무시하거나 대단한 존재가 아니라고 깎아내리는 사람도 있다. 하지만 많은 사람이 자신을 존경하고, 자부심과 자긍심, 존경심을 품고 있다. 작가는 바로 이런 사람이어야 한다.

챗GPT가 절대 못 하는 것 중의 하나가 바로 스스로에 대한 존경이다. 챗GPT에게 이런 질문을 하면 어떻게 대답할까? 무척 궁금해졌다.

질문 : 챗GPT 너는 자신을 존경할 줄 아니?

챗GPT 답변

저는 인공지능 로봇이므로 자기 존경감이나 감정을 가지지 않습니다. 하지만, 저는 프로그래머가 설계한 방식대로 최대한 정확하고 유용한 답변을 제공하려고 노력하고 있습니다. 제가 제공하는 정보와 답변이 사용자분들에게 도움이 된다면 그것이 최고의 보람입니다.

챗GPT가 가지고 있지 않은 것 중의 하나를 우리는 또 하나 발견했다. 바로 자기 존경감이다. 이것은 훌륭한 작가가 되는 데 필요한 요소다.

니체의 이 말을 우리는 곰곰이 생각해 볼 필요가 있는 이유는 '챗GPT가 절대 가지고 있지 않은 자기 존경감이 왜 작가에게 꼭 필요한 요소일까?'라는 질문의 답을 찾을 수 있는 힌트이기 때문이다.

"자신을 대단치 않은 인간이라 깎아내려서는 안 된다. 그 같은 생각은 자신 행동과 사고를 옭아매려 들기 때문이다. 오히려 맨 먼저 자신을 존경하는 것부터 시작하라. 아직 아무것도 하지 않은 자신을, 아직 아무런 실적도 이루지 못한 자신을 인간으로서 존경하는 것이다. 자신을 존경하면 악한 일은 절대 행하지 않는다. 인간으로서 손가락질당할 행동 따위하지 않게 된다. 그렇게 자신의 삶을 변화시키고 이상에 차츰 다가가다 보면, 어느 사이엔가 타인의 본보기가 되는 인간으로 완성되어 간다. 그리고 그것은 자신의 가능성을 활짝 열어 꿈을 이루는데 필요한 능력이 된 그 누구보다도 더 자신의 인생을 완성하기 위해 가장 먼저 해야 할 것이 자신을 존경하는 것이라는 사실에 대해 자각하고 그것을 실천해야 할 사람이 있다. 바로 작가가 되고자 하는 당신이다.

작가란 직업은 그저 단순한 직업, 단순한 돈벌이가 아니라는 사실을 뒤늦게나마 깨닫게 되었다. 작가는 많은 이들에게 아주 강력한 큰 영향을 끼칠 수 있는 그런 직업이다. 그래서 이 세상의 직업을 두 가지로 크게 나눌 수 있다면, 첫 번째는 그저 생계를 위해, 먹고 살기 위해 일을 하고 타인에게 영향을 거의 미치지 않는 직업과 생계를 위해, 먹고 살기 위해 일을 하지만 그 일의 결과물이 타인에게 직접적인 영향을 크게 주는 직업으로 나눌 수 있다.

그런데 작가는 후자이다. 그것도 엄청난 영향력과 파급력을 가지고 있다. 그래서 작가들이 자신의 인생을 완성하지 못하면 그 작가가 속한 그 사회에는 부정적인 영향을 줄 수밖에 없다.

작가는 다른 사람들에게 지식이나 정보를 나누어 주기 위해 글을 쓰는 사람이 아니다. 다시 말해 작가는 학원 강사나 교사가 아니라는 말이다.

학원 강사들은 자신이 가지고 있는 지식이나 공부하는 노하우와 기술을 학생들에게 전수해 주는 사람이다. 하지만 교사는 학원 강사보다는 좀 더 인간적이고 통합적인 인간을 양성하는 교육을 실천하는 교육가들이다.

학원 강사와 교사가 분명하게 다른 것처럼, 다른 직업들과 작가라는 직업은 엄청난 차이가 존재한다. 특히 챗GPT가 글을 쓰는 것을 흉내는 낼 수 있지만, 작가가 될 수 없는 이유가 바로 여기에 있다. 훌륭한 작가는 글만 잘 쓰는 사람이 아니라, 자신의 인생과 삶을 세상에 노출하는 그런 책을 통해 독자들에게 큰 영향을 끼치는 존재이다. 여기에는 책임감이 자연스럽게 따라온다. 작가의 인생과 삶의 경험은 당연히 책 속에 녹아 들어간다. 이 점에서 작가에게는 자긍심과 자기 존경감이 필요한 것이다. 챗GPT는 그런 삶과 경험이 없고, 더군다나 책임질 수 있는 능력도, 책임감과 같은 것도, 자기 존경감도 없다.

작가는 자신의 인생을 다른 사람들에게 나누어 주고, 자신이 누구인지 세상에 보여 주는 사람이다. 하지만 그것이 전부가 아니다. 쇼핑몰의 진열장에 서 있는 마네킹도 역시 보여 준다는 점에서 작가와 같다. 하지만 전자는 타인의 삶을 바꾸어 놓을 수 있고, 후자는 그저 타인의 외모만 바꾸어 놓을 수 있다는 점에서 차이가 있다고 할 수 있다. 더 중요한 차이는 진짜 인생을 경험하고 살아낸 사람이 진짜 인생을 이야기할 수 있다는 점이다. 바로 이런 이유에서 챗GPT는 전시장에 서 있는 마네킹과 닮아있다. 인간인 척 인간의 옷을 입고 있지만, 진짜 인간은 아니다. 인간처럼 눈도 있고, 코도 있고, 외적인 모습은 거의 비슷하다. 하지만 마네킹은 절대 인간이 될 수 없는 것처럼, 챗GPT는 절대 인생을 살아낼 수 없다.

다른 직업들은 당신이 가진 휴대전화의 질을 바꾸어 놓고, 당신이 사용하고 있는 것, 먹는 것들의 종류를 바꾸어 놓을 수 있다. 하지만 작가는 당신 자체를 바꾸어 놓을 수 있는 그런 무서운 직업이라는 점을 자각해야 한다.

그런 점에서 작가는 먼저 자신의 인생을 완성하기 위해 노력해야 하는 사람이며, 그렇게 하는 방법은 먼저 자신을 존경하는 것에서부터 시작된다. 인간만이 자기 존경감을 가질 수 있다는 점에서, 이것은 인간의 가장 큰 무기인 셈이다.

당신은 린치핀Linchpin인가? 당신은 대체 불가한 존재인가? 린치핀은 무엇일까?

자동차나 마차의 두 바퀴를 연결하는 쇠막대기를 고정하는 핀이 린치핀이다. 즉 어떤 일이나 사물의 핵심核心이나 요체要諦, 구심점求心點을 일컫는 말로 확장해서 해석할 수 있다. 인간도 이와 다르지 않다. 인간 중에도 '누구도 대체할 수 없는 꼭 필요한 존재 혹은 조직의 핵심 인재', '대체할 수 없는 유일무이한 독보적인 존재'를 우리는 린치핀, 혹은 대체 불가한 존재라고 부른다. 린치핀을 세상에 제대로 각인시킨 인물이 있다. 바로 세스 고딘Seth Godin이다.

세스 고딘Seth Godin은 《린치핀Linchpin》이란 책을 통해 당신에게 질문을 던진다. "당신은 대체 불가한 꼭 필요한 사람인가?"라고 말이다. 당신은 있어도 되고, 없어도 되는 존재감이 제로인 그런 사람인가? 어떤 조직이나 회사에서 꼭 필요한 사람인가? 직장생활을 20년, 30년을 했다고 해서 린치핀이 되는 건 아니다. 한 분야에서 전문가로 오랜 세월 경력을 쌓았다고 해서 되는 것도 아니다. 이미 각 분야에 경력자는 차고 넘치기 때문이다. 어느 분야에서든 경력자들은 이미 이 세상을 뒤덮었다.

'안정은 실패의 또 다른 이름이다.' 새로운 길에 도전하지 않고 현실에 안주하며 사는 사람은 린치핀이 될 수 없다. 이미 안정된 직장과 심지어 의사, 변호사, 회계사 등과 같은 전문 자격증까지 있는 데 왜 린치핀이 되어야 할까?

그 이유는 분명하다. 세상이 어떻게 급변할지 모르는 변혁의 시대이기 때문이다. 2019년에는 상상도 하지 못했던 세상이 2020년 1월 우리에게 찾아왔다. 예고도 없이 코로나 팬데믹이라는 새로운 세상은 지구촌 삶의 모습을 완전하게 바꾸어 놓았고, 우리를 공포와 충격으로 몰아갔다. 이런 시대에 그 어떤 직장도 당신의 미래를 보장하지 않는다. 하지만 대체 불가한 린치핀은 다르다.

작가가 된다는 것은 그 자체로 하나의 린치핀이 되는 것이며, 큰 도전이다. 그뿐만 아니라 당신의 인생을 완전히 뒤바꿔 놓을 만큼 엄청난 일이다. 그러므로 인생 최고의 도전이라고 할 수 있다.

책을 쓰는 작가가 된다는 것이 곧 대체 불가한 존재, 즉 린치핀이 된다는 말이기 때문이다. 작가가 되는 것은 위험도 감수해야 한다. 작가가 되는 길은 자신을 세상에 발가벗겨 내놓는 일이기 때문이다. 매우 위험하다. 이런 위험을 무릅쓰고 도전해야 하는 이유는 무엇일까? 린치핀이 되는 길이면서 동시에 중독성과 희열이 있기 때문이다. 그렇다. 당신이 그것을 미칠 만큼 좋아하게 될 수 있기 때문이다. 가슴 뛰는 희열을 단 5분만 느낄 수 있다면, 부자들은 우주여행에 수십억도 아까워하지 않는다. 작가가 되는 길은 수십억을 사용하지 않고도 가슴 뛰는 희열을 느낄수 있는 길이다. 또 다른 이유는 직장이나 경력에만, 우리 인생과 미래를 맡길 수 없기 때문이다. 명심하라. 도전하지 않으면 아무것도 달라지는 것이 없다.

"모든 것의 시작은 위험하다. 그러나 무엇을 막론하고, 시작하지 않으면 아무것도 시작되지 않는다."

프리드리히 니체의 이 말을 기억하자.

변화와 도전을 한다고 해서 인생이 다 달라지는 것은 아니다. 그뿐 아니라 모든 이들이 성공하는 것도 아니다. 변화와 도전에도 종류가 있다. 당신은 어떤 도전을 할 것인가? 선택과 집중이 중요하다. 당신은 어떤 선택과 집중을 할 것인가? 필자가 실제로 경험한 인생에서 가장 강력한 변화와 도전은 다름 아닌 책 쓰기였다. 책쓰기를 선택하고 그것에 집중하는 것이었다.

챗GPT를 이기는 인간의 책 쓰기,
당신도 가능하다

인생을 바꾸는 가장 강력한 변화와 도전이 왜 책 쓰기일까?

책 쓰기는 진입 장벽이 낮다. 의사나 변호사, 연예인이 되라고 한다면, 40대 중년 남자가 도전했을 때 성공확률은 매우 낮고, 투자해야 할 비용과 시간은 너무나 막대하다. 최소 10년 정도는 공부만 해야 하고, 그동안에는 수입이 거의 없을지도 모른다. 먹고 살기가 막막해진다. 하지만 책 쓰기는 지금 즉시 시작할 수 있고, 성공확률이 사람에 따라 매우 높다. 책 쓰기가 더 좋은 점은 직장을 다니면서, 자기 일을 하면서, 병행할 수 있고, 심지어 가정주부나 백수나 무직자도 실천할 수 있다는 점이다.

책 쓰기의 좋은 점은 또 있다. 상대적으로 투자 위험이 매우 적다. 수억의 투자

금이 필요한 것도 아니고, 몇 년 이상의 준비 기간이 필요한 것도 아니다. 주식이나 부동산, 가상화폐로 패가망신한 사람은 봤지만, 책 쓰기에 도전해서 가산을 다 탕진하고 패가망신했다고 하는 사람은 아직 한 명도 만나 본 적이 없다.

책 쓰기의 좋은 점은 또 있다. 무엇보다 책 쓰기는 평생 공부가 된다는 점이다. 대학원에 다시 입학해서 공부하려고 해도, 학비가 필요하고, 엄청난 시간과 에너지를 투자해야 한다. 하지만 책 쓰기는 가성비가 가장 높은 공부다. 하나의 주제에 관해 책 한 권을 쓰면, 그 주제에 대해 대학원을 다닌 것만큼의 전문가적 지식과 경험을 쌓을 수 있다. 그래서 한 권의 책을 출간하기만 하면, 세상은 당신을 전문가로 대우해 주는 것이다.

책 쓰기는 우리에게 눈부신 인생을 살아낼 수 있도록 변화시켜 주고 성장시켜 주고 성공시켜 준다. 이것이 챗GPT와 근본적으로 다른 점이다. 챗GPT는 책을 쓸 줄도 모르지만, 아무리 많은 책을 쓴다고 해도 절대로 눈에 부신 인생을 살아낼 수 없다. 챗GPT는 인생도 살아낼 수 없지만, 만약에 가능하다고 해도, 인생이 절대로 바뀌지 않는다.

눈부신 인생을 살아내는 것은 챗GPT가 절대 할 수도 없고, 꿈도 꾸지 못하는 것이다. 챗GPT는 가슴 뛰는 도전을 할 수 없는 존재다, 하지만 인간은 다르다. 인간은 가슴 뛰는 도전을 할 수 있는 유일한 존재다.

이런 점에서 대체 불가한 책 쓰기는 인생 최고의 가슴 뛰는 도전이다. 골프를 배우는 거나 등산이나 낚시를 하는 것은 신나고 즐거운 일이다. 하지만 책 쓰기에 도전하는 것은 차원이 다른 일이다. 등산이나 골프, 낚시는 가장 많은 이들이 즐기는 취미활동이다. 챗GPT가 절대 할 수 없는 것 중의 하나이기도 하다. 골프 치는 챗GPT를 본 적이 있는가? 굳이 연구하고 만들면 만들 수도 있을 것 같다. 골프 스윙을 흉내 낼 수 있는 로봇은 만들 수 있지만, 진짜 골프를 치는 사람의 기분, 감정, 느낌, 체감 등은 절대 만들 수 없다.

눈앞에 탁 트인 경치를 보면서 시원한 산 공기를 마시는 등산의 기쁨과 쾌감을 챗GPT는 절대 알 수 없다. 골프의 쾌감과 기쁨도, 낚시의 기쁨도 챗GPT는 절대 알 수 없다. 그런데 챗GPT가 쓴 골프책, 낚시책, 등산책은 어떨까? 기술적인, 이론적인 것들, 지식과 정보는 배울 수 있지만, 그 이상은 불가능하다. 이것이 챗GPT의 한계다.

가슴 뛰는 도전도 하지 못하는 존재와 달리, 우리는 가슴 설레는 도전을 할 수 있는 존재다. 챗GPT에게 책 쓰기는 단순한 지식과 정보의 나열, 조합에 불과하지만, 인간에게는 인생 최고의 도전이며, 가슴 뛰는 활동 그 이상의 것이다.

세상에 공짜는 없다. 저절로 쉽게 되는 것은 하나도 없다. 그저 하루하루를 열심히 살아가는 것만으로 부족하다. 세상에서 성공하고 부자로 사는 사람들, 경제적 자유를 누리고 사는 사람들은 그저 열심히 하루하루를 살았던 사람이 아니라 자기 자신만의 브랜드 만들거나, 자신의 기업을 만든 사람이다.

직장을 옮기거나, 직업을 바꾸는 것도 40대나 50대가 넘어가면, 힘들어지고 불가능해진다. 당신의 직장과 경력이 당신을 책임져 주지 않는다. 경력자는 차고 넘치지만, 전문가는 적다. 지금 당장 당신이 좋은 직장에 다니고 있다는 사실에 안주해서는 안 된다. 안주하고 있다면, 나이는 먹어가고, 경력은 쌓일지 몰라도, 세상에 나와서 제2의 인생을 보란 듯이 살아낼 수 있는 자기 브랜드와 역량은 만들지 못하고 그저 열심히 살아가고 있는 부류에 속할지도 모른다. 회사와 경력에 의지하지 않고, 당당하게 살아갈 자기 브랜드가 있어야 한다. 당신은 퍼스널 브랜딩을 하면서 살아가고 있는 거? 당신은 자기만의 브랜드를 가지고 있는가?

그런 점에서 당신에게 가장 필요한, 최고의 무기는 책 쓰기다. 책 쓰기는 자신과 세상을 동시에 성찰할 수 있게 해 준다. 책 쓰기는 멀리 내다볼 수 있게 해주고, 폭넓게 생각할 수 있게 해 준다. 그래서 책 쓰기 수련을 하는 사람은 인생이 크게 망하거나, 어긋나지 않는다. 또한, 책 쓰기는 자기 브랜드 만들어 준다. 책 쓰기는 평생 현역으로 살아갈 수 있게 해 준다.

"작가는 태어나는 것이 아니다. 스스로 만들어 나가는 것이다. 결국, 작가는 만들어지는 것이다."

챗GPT는 인간의 질문에 답하기 위해, 글을 생성해서 나열할 때 행복을 느끼지 못한다. 감정이 없는 기계이기 때문이다. 하지만 인간은 차원이 다르다. 인간은 책을 쓰면서 상처가 힐링이 되고, 기분이 좋아지고, 카타르시스를 경험할 수 있고, 더 나은 존재로 도약하게 된다. 책 쓰기가 가져다주는 여러 가지 유익함이 챗GPT와 비교하면 압도적으로 많다. 인간과 챗GPT는 비교할 수 없을 만큼 그 차이가 크다.

어제보다 좀 더 나은 존재가 되고 싶다면? 어제보다 더 행복한 인생을 살고 싶다면? 과거의 상처를 치료하고, 행복한 미래 만들어가고 싶다면?

그렇다면 당신도 책 쓰기를 해야 한다. 대체 불가한 진짜 작가가 되어야 한다. 미칠 만큼 좋아하는 것을 하고, 그런 사람이 되는 것도 좋지만, 그것만큼은 아니더라도, 책을 쓰는 사람은 행복한 삶을 살아낼 수 있다. 당신은 행복을 위해서라도 작가가 되어야 한다. 우리가 부자가 되고, 성공하고 싶은 이유 중의 하나는 행복하기 위한 것이 아닌가? 그렇다면, 책 쓰기를 하면 좋다. 부자가 되지 못한 사람도, 성공하지 못한 사람도 책 쓰기를 통해 행복이라는 목표를 달성할 수 있기 때문이다.

챗GPT가 위대한 작품을
쓰지 못하는 진짜 이유

"'작가가 된다는 것은 무에서 유를 창조해 낸다는 것'이다. 당신이 책을 한 권 썼
다는 것은 단순하게 글을 쓴 것이 아니라 무엇인가를 만들어 이 세상에 남겼다
는 것이다. 그것도 당신의 이름을 걸고 말이다. 그런 점에서 작가가 되는 것은
결국 무엇인가를 세상에 당당히 만들어 보여 주는 것이다. 그렇다면 그 무엇인
가의 주체는 누구일까? 바로 당신이다. 작가가 된다는 것은 당신을 이 세상에
당당하게 보여 주는 것이다."

- 《7주 만에 작가 되기》, 김병완 저

작가가 된다는 것은 무에서 유를 창조해 낸다는 것이다. 당신이 책을 썼다는 것은
단순하게 글을 쓴 것이 아니라 세상에 무엇인가를 만들어 냈다는 것을 의미한다. 그
런 점에서 작가는 세상을 여러 번 창조하고, 인생을 여러 번 살아가는 사람이다.

인생을 온몸으로 살아내면서 그 과정에서 경험하는 정수가 모여 한 권의 책이 되는 것이다. 모든 것을 다시 곱씹는 과정에서 위대한 작품이 탄생하기 때문이다. 챗GPT가 절대로 할 수 없는 것이 바로 이런 부분이다. 지식과 정보를 많이 알고 생성할 수 있다고 해서 무조건 작가가 될 수 있는 것은 아니다.

인생을 살아본 적도 없는 어떤 존재가 '인생은 바로 이것'이라고 말하는 책을 우리는 어떻게 평가해야 할까? 평가는 고사하고, 그것은 가짜라고 할 수 있다. 꿈은 진짜 인생이 아닌 것처럼 말이다. 연극도 진짜 인생은 아니지만, 챗GPT가 인생을 논하는 책을 썼다면, 그것은 너무 심한 가짜라고 할 수 있다.

작가가 된다는 것은 당신을 이 세상에 당당하게 보여 주는 것이다. 단순히 문장을 나열하는 것이 책 쓰기의 전부가 아님을 인식해야 한다. 챗GPT는 작가라면 당연히 세상에 당당히 보여 주어야 할 주체인 자기 자신이 없고, 세상과 타인과 함께 나누고 소통하고 공감해야 하는 인생과 인생 경험이 존재하지 않는다.

챗GPT가 이제 작가라는 직업을 대체할 수 있다고 섣불리 이야기하고 있는 기사나 블로그, 유튜브 등이 있다면 정면으로 반박하고 싶다. 챗GPT가 책을 쓸 수 있다고 생각하는 사람이 있다면, 이 책을 보여주기를 바란다. 챗GPT가 책을 쓸 수 없는 수도 없이 많은 이유와 근거를 이 책은 말하고 있기 때문이다.

"고요히 앉아 본 뒤에야 평상시의 마음이 경박했음을 알았네.
침묵을 지킨 뒤에야 지난날의 언어가 소란스러웠음을 알았네.
일을 돌아본 뒤에야 시간을 무의미하게 보냈음을 알았네.

문을 닫아건 뒤에야 앞선 사람이 지나쳤음을 알았네.
욕심을 줄인 뒤에야 이전의 잘못이 컸음을 알았네.
마음을 쏟은 뒤에야 평소에 마음 씀이 각박했음을 알았네."

중국 명나라 문인 진계유陳繼儒, 1558~639의 '뒤에야然後'라는 제목의 시이다. 필자는 이 시보다 그가 남긴 말에 정신이 번쩍 들었다.

"글을 잘 지으려면 3만 권의 책을 읽어야 함은 물론 천하의 기이한 산천을 두루 구경해야 한다."
그의 저서 중의 하나인《미공비급眉公祕□》에 나오는 말이다. 필자는 중국의 시성이라 불리는 두보가 한 말을 잘 알고 있다. '만 권의 책을 읽으면 글을 쓰는 것이 신의 경지에 이르게 된다.'라는 말이다. 그런데 진계유는 만 권의 책으로 부족하다는 것이다.

글을 잘 지으려면 최소한 3만 권의 책을 읽어야 하는 것은 당연하고 여기에 두루 세상 구경을 해서 세상과 자연을 통해 감성과 예술성을 키워야 한다고 말하는 것이다. 그렇다. 바로 이점이다. 챗GPT는 천하의 기이한 산천을 두루 구경할 수 없다. 하지만 이것보다 더 결정적인 결함은 챗GPT는 진짜 인생을 경험할 수도 없다는 점이다.

《사기史記》라는 작품을 쓴 사마천司馬遷은 진짜 인생을 여러 번 살았던 사람일 것이다. 그의 인생은 궁형을 당하기 전의 삶과 오직 집필에만 몰두하고 모든 희망과 삶의 기쁨이 사라진 궁형을 당한 후의 삶으로 나누어질 것이다.

그는 47살에 적에게 투항한 이릉李陵 장군을 홀로 변호하다가 미움을 받아 사형 선고를 받게 되었다. 그는 그 당시 사람이 당하는 모욕과 수치 가운데 가장 심한 형벌이라고 하는 부형腐刑이라 불리는 궁형을 당하게 되었다.

이 경우에 세 가지 선택을 할 수 있다. 돈이 많은 부자는 돈 오십만 냥을 내고 감형을 받을 수 있고, 아니면 스스로 죽음을 선택해서 모욕을 덜 당하는 것이다. 이 당시에 궁형을 받은 사람들이 돈 오십만 냥을 낼 형편이 안 되면, 스스로 죽음을 선택하는 것이 일반적이었다. 그만큼 궁형은 남자에게 큰 수치와 모욕을 주는 최악의 고통을 주는 형벌이기 때문이다.

궁형보다는 차라리 죽는 것이 덜 치욕스럽고, 덜 고통스러운 것이기 때문이다. 궁형을 당하는 것은 인간으로서 자존감을 헌신짝처럼 버리는 것, 인간 위치에서 개, 돼지로 전락하는 것, 그 이상이다. 하지만 사마천은 돈 오십만 냥이 없었고, 그렇다고 쉽게 죽음을 선택할 수도 없었다. 그에게는 사명이 있었기 때문이다.

궁형을 당한 이후 그는 더 이상의 예전의 사마천이 아니었다. 그는 자신의 고통과 아픔과 분노와 울분과 수치와 모욕을 온몸으로 다 안고서 인간 군상들의 삶을 통찰하는 중국 최고의 역사서인《사기》를 집필한 위대한 역사가가 되었다.

사마천은 궁형을 당한 이후의 삶에 대해서 구구절절 자신의 아픔과 수치와 모욕과 고통에 대해 토로하는 글을 쓴 후 친구에게 보낸 적이 있다. 그 구절을 보면 정말 인간은 두 번 혹은 세 번이라도 전혀 다른 삶을 살아갈 수 있는 존재라는 사실을 깨닫게 된다. 인간의 책 쓰기와 챗GPT가 다른 이유는, 챗GPT에 궁형을 내릴 수 없다는 것이다.

이렇게 두 번의 전혀 다른 인생을 살게 된 작가는 사마천뿐만이 아니다. 서양에서 가장 많이 읽혔던 책인 《성서》라면, 두 번째로 많이 읽혔던 책이 있다. 바로 6세기경에 보이티우스가 집필했던 《철학의 위안》이란 책이다.

이 책은 자기계발서 분야에서뿐만 아니라 세계적인 거장들에게 많은 영감을 준 책이며, 오랫동안 많은 대중을 계몽시킨 위대한 책이 되었다. 이 책을 통해 영감을 받은 거장들은 단테와 아퀴나스 등 수없이 많다. 이 책은 지금까지 나온 책 중에서 행복의 본질에 대한 가장 심오한 책이라고 필자는 평가하고 싶다.

이 책을 집필한 보이티우스는 전혀 다른 인생을 만났고, 짧은 두 번째 인생, 즉 전혀 다른 인생을 통해서 이 책을 집필하게 되었다. 그의 삶에 대해 궁금한 독자들을 위해 간단히 설명한다.

보이티우스Boethius는 로마의 귀족 가문에서 태어나, 문학, 철학, 산술학, 기하학, 음악, 천문학 등 다방면의 공부를 한 인물이며, 그 당시 상당한 특권층의 인물이었다. 그는 정치가이면서 철학자이면서 신학자였다. 한 마디로 좋은 집안에서 태어나 엘리트 교육을 받았고 젊은 나이에 일찍 부와 명예와 성공을 이룩한 그런 인물이었다. 로마의 최고 교육을 받은 그는 20대 후반의 젊은 나이에 집정관으로 임명되기까지 했다. 그리고 그는 로마 원로원과 사회의 중심인물이었을 뿐 아니라 존경받는 학자였다.

로마제국이 기독교국 시대로 접어들었지만, 보이티우스는 그대로 자신의 사
회적 지위를 그대로 유지할 수 있었고, 최고 행정사법관이 되기도 하였다. 즉 그
의 삶은 너무나 화려하기까지 하다. 하지만 그는 지금까지 살아왔던 눈부시고 화
려했던 그런 삶과 전혀 다른 짧지만 다른 인생을 감방에서 살게 되는 운명을 맞이
하게 되었다. 그것도 하루아침에 억울하게 누명을 쓰고, 사형수가 되어서 말이다.
로마제국의 급변하는 회오리 속에서, 왕실의 음모로 반역죄를 뒤집어썼고, 결국
그는 사형 선고를 받게 된다. 억울하게 사형수가 된 그는, 말로 할 수 없는 배신감
과 분노, 상실과 절망을 경험하면서, 세상의 모든 좋은 것들, 부귀와 영화, 명예와
권력, 소중한 가족과 친구들을 잃고 홀로 감옥에서 사형 집행만을 기다리며 살아
가야 하는 분노와 절망에 휩싸인 채, 그 어떤 희망도 없이, 사형 집행만을 기다려
야 하는 사형수가 된 것이다.

좋은 집안과 교육, 그리고 막강한 권력과 명성, 많은 부와 높은 지위, 세상의 모
든 것을 다 가졌던 그는 그야말로 모든 것을 누리던 사람이었으나, 하루아침에 그
의 삶은 자신의 실수가 아닌, 타인의 음모로 인해, 완전히 몰락하게 되었다.

하루아침에 타인의 음모에 의해서 천국에서 지옥으로, 최고의 삶에서 최악의
밑바닥 삶을 살게 된 그는 죽음에 대한 두려움과 삶에 대한 절망과 세상에 대한 분
노로 가득 찬 독방의 사형수 보이티우스가 되어 전혀 다른 또 다른 인생의 국면을
마주하게 되었다.

절망과 분노로 휩싸인 독방의 사형수였던 그는 책을 쓰기 시작하면서, 또 다른 변신을 하게 되었다. 누구보다 더 화려한 삶을 살았던 최고의 가문, 최고의 교육, 최고의 직위, 최고의 부, 최고의 명성을 누렸던 사람이 하루아침에 모든 것을 잃고 그것도 사형수가 되어 죽을 날만 기다리며 자유도 빼앗긴 채 감옥에 갇혀 영원히 그 감옥을 살아서 나올 수 없게 되는 그런 최악의 순간을 맞이하게 되는 그런 상황을 말이다.

그럴 때 보이티우스는 누구보다도 더 간절히 자신의 인생을 곱씹어 보았을 것이다. 그리고 그렇게 깊은 성찰과 사색을 통해 그는 최고의 작가로 자신이 거듭나고 있음을 깨닫게 되었을 것이다. 챗GPT에 우리는 사형을 내릴 수도 없고, 챗GPT를 독방과 같은 환경에 가둘 수도 없고, 희망이라는 것도 없겠지만, 만약에 있다고 가정하면, 그 희망을 다 뽑아서, 절망과 분노로 가득하게 할 수도 없다.

사마천이나 보이티우스와 같이 극적으로 제2의 인생을 살아가게 되는 사람들은 많지 않다. 그러므로 당신은 스스로 능동적으로 제2의 인생을 살아가기 위해 노력해야 하고 무엇인가에 도전해야 한다.

우리나라의 1세대 자기 계발 선두 작가였던 구본형 작가와 공병호 작가는 모두 제2의 인생을 살았던 인물이다. 그들이 작가로서 책을 집필하고 작가로 살아갈 수 있었던 단 한 가지 이유는 평범한 직장인의 삶에서 뛰어내렸기 때문이다. 인생을 여러 번 살았던 인물이기 때문이다. 그들은 모두 제2의 인생을 용감하게 선택했고, 그로 인해 자신의 인생을 천천히 깊게 곱씹어 보면서 작가의 삶을 개척해 나간 인물이다.

작가는 반드시 제2의 인생을 살아야 한다. 진짜 인생을 경험해 본 사람만이 책을 쓸 수 있는 작가로 도약할 수 있다. 이전에 했던 직업을 그대로 가지고 있고, 그 일을 하는 사람이더라도 글을 쓰는 순간은 또 다른 인생, 또 다른 세계에서 살아가야 한다. 그것이 바로 작가의 숨겨진 비밀이다.

책 쓰기에도
해저드, 오비(OB)가 있다.

요즘 골프가 열풍이다. 골프를 배워서 처음으로 라운딩하거나, 스크린 골프를 치게 되면, 초보자가 가장 힘들어하는 것이 벙커에 공이 빠지는 것이다. 골프장에서 모래가 들어있는 우묵한 곳을 벙커라고 한다. 골프도 인생과 닮아있다. 푸른 잔디만 있는 것이 아니라, 호수도 있고, 벙커모래 웅덩이도 있다. 골프 하는 사람들에게는 벙커가 가장 골치 아픈 문제이다. 하지만 반드시 탈출해야 하는 장소이기도 하다.

책을 쓰는 작가에게 벙커와 같은 것이 바로 필력이다. 책을 쓰는 사람이라면 반드시 해결해야 하고, 극복해야 하기 때문이다. 어떻게 하면 필력이라는 벙커에서 탈출할 수 있을까? 골프에서는 벙커에서 탈출하기 위해 공을 직접 가격하지 않고, 공의 뒤에 있는 모래를 가격한다. 공을 직접 타격하면, 탑핑topping이나 미스샷

miss shot이 나올 확률이 높기 때문이다. 필력도 마찬가지다. 필력 그 자체에 연연하지 말고, 마음을 관리하는 것이 중요하다. 모래와 같은 것이 작가의 마음이기 때문이다.

책 쓰기에 관심이 있고, 작가가 되는 것에 조금이라도 관심이 있는 모든 사람에게 정말 정말 해주고 싶은 말이 있다.
"어깨에 힘을 빼라, 욕심내지 마라"

다시 말해 이 말은 이렇게 대체 될 수 있다.
"타인의 평가나 혹평에 절망하지 마라."

작가는 명문장을 쓰는 문장가가 아니다. 작가는 독자들에게 들려줄 콘텐츠(각종 정보나 그 내용물. 문자 · 이미지 · 영상 등을 디지털 방식으로 제작해 처리 · 유통하는 각종 정보 또는 그 내용물의 총칭) 크리에이티브(창조적으로 만드는 사람)임을 명심해야 한다. 글로 독자들을 사로잡는 문장가와 책을 쓰는 작가는 비슷한 것 같지만 다르다. 작가는 진정한 창조자여야 하고, 자신의 모든 것을 완전하게 통제할 수 있어야 한다.

골프장에는 오비OB, out of bounds와 해저드가 있다. 오비는 말 그대로 골프 코스를 벗어난 구역을 말한다. 벙커보다 더 치명적이다. 샷을 했을 때, 골프 코스를 벗어났을 때, 벌타로 1타를 더 받고, 떨어뜨린 자리에서 새로 한 타를 치기 때문에, 결과적으로 2타를 치게 된다.

골프장에는 또 해저드라는 것도 있다. 해저드는 오비와 다르다. 골프 해저드는 골프에서 코스 안에 있는 모래밭, 연못, 웅덩이, 개울과 같은 장애물을 뜻한다. 정확히 얘기하면, 벙커는 포함되지 않는다. 2019년 1월 1일 골프 규정이 대대적으로 바뀌어, 해저드는 '페널티 구역'으로 바뀌었기 때문이다.

책을 쓸 때, 코스 안에 있으면서 작가를 괴롭히는 것이 있다. 바로 해저드다. 명문장이라는 해저드 말이다. 명문장이 왜 작가에게는 해저드와 같은 존재일까? 많은 작가가 명문장을 써야 한다는 심리적 부담 때문이다. 이러한 심리적 부담은 결국 작가에게 페널티와 같은 역할을 한다. 그렇다면 어떻게 해야, 명문장이라는 해저드에서 멋지게 빠져나올 수 있을까?

먼저 명문장에 대해서 생각해 보자. 명문장을 잘 쓴다고 그 사람이 훌륭한 작가가 될 수 있는 것은 절대로 아니다. 그런 사람에게 광고 카피라이터라는 직업을 선택하기를 오히려 나는 추천한다.

'작가는 명문장가'라는 공식이 이제는 성립하지 않는다. 감성과 창조의 시대인 이 시대의 작가는 특히 더 그렇다. 이런 시대에는 '작가는 창조자'라는 공식이 더 어울린다. 그러므로 명문장가가 되려고 노력하지 말고, 그 시간에 창조가, 발명가가 되려고 노력해야 한다는 것이다.

창조자에게 필요한 것은 정해진 틀과 문장 구조, 명문장이 아니라 자유로운 사색과 넘치는 발상이다. 그런 점에서 폭넓고 다양한 수많은 발상과 사색과 사유가 필요한 것이다.

명문장가는 하나의 문장에 집중하는 사람이지만, 창조자는 끝도 없는 수많은 사유 속에 자신을 던져 넣는 사람이다. 골프는 단 한 번의 스윙이나 장타가 중요한 것이 아니라 쇼트 게임을 포함해서 매우 정교한 종합적인 게임이다. 책을 쓰는 것도 마찬가지다. 명문을 많이 썼다고 독자들에게 사랑받는 책이 되지는 않는다. 장타를 아무리 많이 친다 해도, 쇼트 게임에서 어프로치나 퍼팅을 잘 못하면, 절대 골프 점수가 좋을 수 없는 것과 마찬가지다.

진짜 작가는 사색과 사유가 풍요로운 세상에서 살아야 한다. 눈에 보이지 않는 사유의 세상이 클수록 그 사람은 훌륭한 창조자가 될 수 있다.

명문장으로만 이루어진 책을 읽은 적이 있는가? 그런 책일수록 작가는 없고, 내용도 없고, 이야기도 없고, 감동도 없고, 교훈도 없다. 삶의 지혜는 더더욱 그렇다. 그저 문장만 있다.

나는 이런 작가를 잘 알고 있다.
문장만 번지르르하고, 화려하고, 세련되어 있고, 탐낼 만하고, 읽힐 만하다. 하지만 독버섯이 그런 것처럼 너무 화려하고 유혹적인 것은 결국 우리의 정신을 해치게 된다.

고전은 질박해야 하고, 작가는 진실해야 한다.
작가는 교언영색을 멀리해야 한다. 그것이 진정한 창조자의 자격 요건이다. 작가는 외부를 아름답게 하는 사람이 아니라 진솔한 내면을 보여 주는 사람이어야 한다.

그런 점에서 《뼛속까지 내려가서 써라》의 저자인 나탈리 골드버그를 미워할 수 없다. 그녀가 자신의 책에서 밝힌 멋진 책 쓰기 철학을 알게 되면 매료되지 않을 자가 어디 있을까?

"내가 주장하는 것은 언제나 단 하나다. 자신의 느낌을 믿어라! 자신이 경험한 인생을 신뢰하라. 뼛속까지 내려가서 내면의 본질적인 외침을 적어라!"

그녀의 주장을 잊지 말라. 내면의 본질적인 외침을 글로 적어서 세상을 향해 소리치는 사람이 바로 작가이다. 명문장가가 된다는 것에 대해 절대로 깎아내릴 생각은 없다. 하지만 너무 과대평가 되어있는 것은 사실이다. 마치 명문장가가 되지 않으면 작가로서 대성할 수 없는 것처럼 오해하는 사람들이 많기 때문이다.

진짜 명문장은 자신의 뼛속까지 내려가서 내면의 본질적인 외침을 그대로 제대로 표현한 문장이 아닐까? 명문장보다 더 중요한 것은 진심이라는 것이다. 자신 경험을 솔직하게 써 내려간 책이 독자를 사로잡을 수 있다. 독자들은 진심이 담긴 책을 읽으면서 많이, 자주 고개를 끄덕이며 동감을 한다. 문장과 인간이 만나는 것이 아니라, 인간과 인간이 만나는 것이다.

명문장은 잠시 독자들의 눈과 귀를 즐겁게 해주고 사로잡을 수 있다. 골프 라운딩을 할 때, 멋진 장타는 동반자들의 감탄을 불러오고, 즐겁게 해 줄 수 있지만, 골프는 그것이 전부가 아니다. 책을 쓰는 작가도 마찬가지다. 명문이 전부는 아니다. 독자들의 가슴 속에 오래 남는 것은 진실한 작가의 삶과 이야기이다. 이런 책의 내용과 이야기는 오랫동안 독자의 가슴속에 생생하게 남는다. 어떤 독자는 평생 잊지 못할 것이다. 이런 책이 멋진 책이다.

명문장은 하나도 없지만, 독자의 가슴 속에 오래 간직되는 책이 진짜 진솔하고 좋은 책이다.

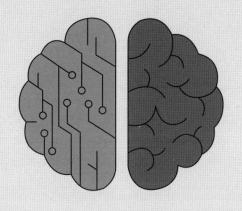

제2장

챗GPT를 이기는 책 쓰기
: 책 쓰기는 즐기는 것이다

"직업에는 귀천이 없다. 하지만 조금 더 강력한 성공 도구는 있다. 조금 더 효과적으로 부자가 되게 해주는 것은 있다. 돈도 없고, 인맥도 없는 사람은 성공하기 힘들다. 세상이 그렇다. 세상은 항상 불공평했다. 지금도 그렇고, 내일도 그럴 것이다. 하지만 희망은 있다. 돈도 없고, 인맥도 없는 사람도 성공할 수 있는 분야가 있다. 바로 책 쓰기다."

- 《48분 기적의 책 쓰기》 중에서

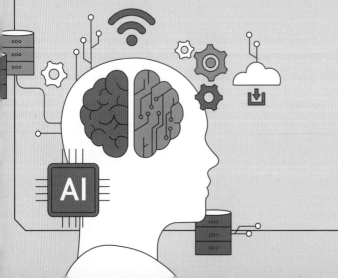

챗GPT에 없는
OO로 책을 쓰라

"위대한 사람, 잘난 사람, 재주 있는 사람만이 책 쓰기를 할 수 있는 것이 아니다. 오히려 그렇지 못한 사람이기에 책 쓰기를 통해 더 쉽게 그런 사람이 될 수 있고, 자신의 한계를 넘어설 수 있다."

– 《김병완의 책 쓰기 혁명》, 14쪽

챗GPT에 없는 것 중의 하나는 인간만이 할 수 있는 행동 중의 하나인 독서다. 사실 아이러니하게도 챗GPT는 지식을 조합하고 생성할 수 있지만, 책을 읽을 줄은 모른다. 독서의 본질은 사고력을 향상하는 것이다. 지식 획득은 독서의 목적 중에 가장 낮은 단계의 목적이다.

물론 인공지능도 지식을 검색하고 분석하고 조합하고 생성할 수 있다. 앞에서 이미 이야기한 대로, 구글은 지난 5천 년 동안 인간이 집필한 방대한 지식의 보고인 책을 스캔하기 시작했다. 인공지능과 로봇이 책을 스캔하고, 스캔한 디지털화된 책의 지식과 정보를 검색하고, 혹은 다운로드해서 자신의 저장 기관에 저장하는 것은 엄밀한 의미에서 책을 읽었다고 할 수 없다.

책 읽기와 스캔, 검색, 다운로드는 다른 차원의 이야기이기 때문이다. 책 읽기는 지식 습득이나 지식 검색과 다르다. 네이버에서 지식을 검색하는 행위와 독서는 다르다. 생각하는 기계를 만든다고 해도, 엄밀한 의미에서 인간의 생각과 기계의 생각은 차원이 다르다. 이와 마찬가지로 책을 읽는 인간과 디지털화된 지식과 정보를 스캔해서 다운로드한 인공지능은 전혀 다른 행위를 하는 것이다.

인공지능은 절대로 '인간처럼' 혹은 '인간 수준으로' 책을 읽을 줄 모른다.

소설가 버지니아 울프가 한 말이 이런 사실을 뒷받침해 줄 것이라고, 그녀도 생각도 못 했을 것이다.

"나는 책을 읽을 때 등장 인물에게 완전히 감정이입하곤 했다. 때로는 나 자신을 잊고, 그들의 세계 속으로 빠져들 때도 있었다."

책을 읽는다는 것은 지식 습득이 아니라 감정이입이며, 몰입이어야 한다. 스캔하고, 내려받는 것과 차원이 다른 행위다. 챗GPT 인공지능은 감정이입을 할 수 없다. 현재까지 그런 기술력은 도저히 만들 수 없기 때문이다. 챗GPT는 책을 읽으면서, 책 속에 빠져들 수 없다. 인간만이 가능한 행위이다.

책 쓰기는 이런 고차원적인 책 읽기보다 더 인간적인 행위이고, 더 고차원적인 행위다. 그러므로 당연히 챗GPT는 꿈도 꿀 수 없는 일이다. 이런 사실에 못을 박는 작가가 있다. 바로 샤를 단치다. 그의 결정적인 한 방은 무엇일까? 바로 이것이다.

"글을 쓸 줄 모른다는 것은 무엇을 의미할까?
그건 책을 읽을 줄 모른다는 얘기이다."

프랑스의 작가이자 이름난 독서광인 샤를 단치의 이 말은 옳다. 지당하다. 분명하다. 그리고 간결하다. 무엇을 말인가? 독서와 쓰기의 관계에 대해서 말이다. 독서를 할 줄 모르는 사람은 절대 책을 쓸 수 없다. 챗GPT는 독서할 수 없다. 독서는 책을 읽고 해석하는 것만을 단순하게 의미하는 것이 아니기 때문이다.

독서를 한다는 것은 무엇일까? 책을 읽는다는 것은 저자의 생각을 사고하고 저자의 감정을 느끼고 저자와 소통하고 대화하면서, 무엇보다도 저자의 삶을 간접 경험하는 것을 의미한다. 그런 의미에서 챗GPT는 소통하고 대화할 수 없다.

독서할 줄 알면 글을 쓸 줄도 알게 된다. 독서를 많이 하면 글도 많이 쓸 수 있게 된다. 독서를 할 줄 모르면 글도 쓸 줄 모른다. 그러므로 독서는 결국 쓰기로 이어지는 자연스러운 과정인 셈이다.

인간은 자신을 성장시키고 발전시킬 수 있다. 인간은 다양한 경험을 하면서 성숙해진다. 이것이 인간의 가장 큰 무기다. 독서는 인간에게 가장 중요한 무기이며 특권이다. 챗GPT는 이런 특권을 누릴 수 없다. 챗GPT는 인생을 경험해 볼 수 없다.

인생에서 가장 중요한 것은 책 속에 있다. 당신을 변화시킬 수 있는 장소는 학교가 아니라 도서관이며, 책 속이다. 그러므로 읽어야 한다. 그러므로 독서를 무시해서는 안 된다.

책을 읽는다는 것은 자기 자신을 조각하는 것과 같다. 자신의 힘으로 읽어 내려간 책들이 자기 자신을 수십 번 혹은 수백 번 이상 담금질을 해 준다.

대추조차도 붉어지기 위해서 자기 안에 태풍 몇 개와 천둥 몇 개 그리고 벼락 몇 개를 담아야 한다. 대추조차도 말이다. 하물며 만물의 영장이라고 자칭하는 당신이 변화되기 위해서 얼마나 강력하고 큰 것이 필요하겠는가?

그래서 다독多讀이 절실하게 필요한 것이다. 수많은 책을 통해 당신은 자신을 조각할 수 있다. 마치 위대한 조각가가 살아 움직이는 조각품을 조각하듯 말이다.

위대한 조각가는 위대한 고전이며, 위대한 책들이다. 그러므로 책을 읽는다는 것은 자기 자신에 대한 가장 위대한 투자이다.

책을 읽는다는 것은 보통 일이 아니다. 허약하고 나태하고 멍청한 바보를 강인하고 위대하고 지혜로운 천재로 만들어 나가는 일이기 때문이다. 책을 읽는다는 것은 이만저만한 사건이 아니다. 하루살이보다 못한 삶을 살아가야 할 사람을 영원을 내다보게 해주고, 삶에 의미와 가치를 부여할 수 있는 위대한 존재로 바꾸어 놓기 때문이다.

책을 읽는다는 것은 어마어마한 이벤트다. 평범하게 평생 살아야만 할 평범한 이들을 최고의 눈부신 삶을 살아낼 수 있는 비범한 사람으로 극적으로, 놀랍게, 완전하게 바꾸어 놓기 때문이다.

중국에는 옛날부터 이런 말이 유행했다.
"만 권의 책을 읽고, 만 리의 길로 다니면 세상을 보는 눈이 생겨 인생을 잘 살아갈 수 있게 된다."

결국, 사람을 성장시키고 바꾸는 것은 읽기와 여행이다. 챗GPT는 세상을 바라보는 눈이 없다. 독서와 여행을 할 수 없기 때문이다. 지식만 있는 것과 세상을 내다보는 통찰력이 있는 것은 전혀 다른 것이다. 책을 읽는다는 것은 세상에서 가장 깊고 넓은 세계로 여행을 떠나는 것과 같다.

똑똑한 사람은 독서를 안 해도 되는 것일까? 똑똑한 사람은 책을 잘 읽을 수 있을까? 아니다. 115권이나 되는 책을 집필한 천재 괴테가 오랫동안 독서를 하고 나서, 남들보다 더 치열하게 하고 나서, 내린 결론에 대해 그의 말을 들어보았으면 하는 마음이 간절하다.

"만 권의 책을 읽었지만 내 몸은 서럽기만 하다."라고 말한 천재 괴테가 과연 책을 읽는 방법에 대해 내린 결론은 무엇이었을까? 다소 충격적이다.

그의 말을 그저 읽어 내려가지 말고 한 글자 한 글자 정확히 잘 이해하며 읽어보기를 바란다. 그의 말은 이것이다.

"나는 책 읽는 방법을 배우기 위해 80년이라는 세월을 바쳤지만, 아직도 잘 배웠다고 할 수 없다."

책 읽기와 책 쓰기는 단순한 지식 획득이나 지식의 나열이 아니다. 그것은 성장과 도약이며, 자신의 인생을 창조해 나가는 것이고, 개척해 나가는 일이다. 인생은 당연히 부침이 있다. 시련과 역경도 있고, 기쁨과 환희도 있고, 절망과 아픔도 있다. 이런 것들이 쌓이고 쌓여서 인간을 성장시키고 발전시킨다. 이런 것들을 온몸으로 경험하며 살아가는 인간의 삶이 바로 인생이다. 이런 어마어마한 인생이 담겨야 진짜 인간의 책이 된다. 영혼이 담겨야 하고, 인생이 담겨야 비로소 책이라고 할 수 있다. 책 쓰기는 영혼과 영혼이 만나는 것이다. 문장의 나열이 아니라, 인생과 인생이 만나야 비로소 책이 완성되는 것이다.

챗GPT는 바로 인생이 빠져 있다. 챗GPT는 인생이 무엇인지 절대로 이해할 수 없다. 여기서 챗GPT와 인간의 글쓰기가 차원이 다른 것이 되는 것이다. 챗GPT가 절대로 할 수 없는 인생 경험과 독서 경험은 훌륭한 책의 소재가 되기 때문이다.

독서가 이렇게 위대한 것일까? 필자는 그렇다고 생각한다. 독서하면 전혀 다른 존재로 도약하게 된다. 챗GPT는 이런 경험을 절대 할 수 없다.

독서를 통해 전혀 다른 사람이 되는 경험을 한 사람을 한 명 소개하겠다. 이 사람은 만화책 외에는 단 한 권의 책도 읽지 않았던 사람이었다. 그런데 어느 날 서

점에서 운명의 책과 만나게 되고, 그날 이후 무려 10,000권의 책을 읽게 된다.

10,000권의 책을 읽은 다음, 완전히 달라진 자신을 발견하고, 전혀 다른 새로운 삶을 살아가게 된다. 그가 바로 베스트셀러 작가이자 강사인 《인생에서 가장 소중한 것은 서점에 있다》의 저자 센다 타쿠야씨다. 그는 자신의 저서를 통해 실제 독서 경험을 이렇게 말하고 있다.

"방대한 양의 책을 읽다 보면 그동안 쌓아온 지식이 지혜로 바뀌는 순간이 찾아온다. 그 순간은 마치 어제까지 변함없는 평범한 인간이었던 존재조차 별안간 전혀 다른 존재로 만들어 준다. 이것은 정말이지 경험해본 사람만이 안다. 그 어느 순간이 오기까지는, 책을 읽고 습득한다는 것이 마치 기나긴 고행처럼 무의미하고 힘겹게 느껴지기도 한다. 학문의 즐거움보다는 숙제한다는 무거움만이 나를 엄습할 때도 있다. 그런데 독서가 즐거운 것은 바로 그 누구에게든 이 '순간'은 반드시 찾아온다는 것이다. '하나를 배우면 열을 깨우친다'라는 말이 있다. 나는 이것이 오랫동안 쌓아왔던 수백만 개의 지식 위에 단 하나의 지식이 얹어지는 순간, 통섭의 경지에 오르는 것을 일컫는 말이라 생각한다. 하나의 커다란 실타래로 파편적으로 나열된 사실들을 꿰어내듯, 곳곳에 흩어져 있던 인과관계와 법칙들이 나의 것으로 자리 잡는다. 무엇을 읽어도 이해가 되고, 지금 읽은 것이 과거에 읽은 어느 한 대목과 결합하며 시너지 효과를 낸다. 이것이 바로 '순간'을 경험한 사람의 변모한 모습이다."

– 센다 타쿠야, 《인생에서 가장 소중한 것은 서점에 있다》 76쪽

독서를 하게 되면, 지식이 지혜로 바뀌는 순간을 경험하게 된다. 평범한 사람을 전혀 다른 존재로 만들어 주는 그 순간 말이다. 챗GPT에게 이런 순간이 절대 오지 않는다. 챗GPT는 사고를 할 수 없고, 독서를 할 수 없기 때문이다. 챗GPT와 인간의 글쓰기가 근본적으로 다른 이유가 바로 여기에 있다.

지식은 단편적인 것에 불과하므로 책이 될 수 없다. 책이 되기 위해서는 인간의 의식과 주관이 서로 융합하고 사고하고 통합하여야 하고, 그 속에 인간의 지혜와 지혜의 토대가 된 인생이 담겨 있어야 하기 때문이다. 독서하지 못하는 사람은 독창적인 관점이나 새로운 사고 체계가 생겨나지 않기 때문에 단 한 권의 책도 쓸 수 없다. 이런 사실에 대해서 센다 타쿠야는 이렇게 설명했다.

"지식은 단편적인 것에 불과하므로 돈이 될 수 없다. 더구나 요즘처럼 원하는 지식을 다양한 매체를 통해 공짜로 습득할 수 있는 시대엔 더더욱 그렇다. 하지만 지혜는 다르다. 지혜는 어디에서 오는가? 경험, 연륜, 시행착오? 물론 그런 것 역시 지혜를 빚어내는 중요한 원료다. 그러나 거기에 반드시 덧붙여져야 하는 것이 바로 책을 통한 지식의 축적이다. 한 쪽짜리 블로그 글도 아니고 열 쪽 남짓한 다이제스트 보고서도 아니라, 저자의 인식체계와 나의 주관이 부딪히고 토론하며 백가쟁명 하는 200쪽 남짓의 책을 통해서 말이다. 이러한 지식이 서로 충돌하고 결합하고 화학반응을 일으킴으로써 비로소 전혀 다른 새로운 방식이나 관점이 생겨난다."

– 센다 타쿠야, 《인생에서 가장 소중한 것은 서점에 있다》 76쪽

독서를 통해 지식이 서로 결합하고 화학반응을 일으켜야 한다. 이런 화학반응은 새로운 방식이나 관점이 생겨나게 해주고, 지식이 지혜로 바뀌게 해 준다. 챗GPT는 이런 화학반응이 존재하지 않는다.

챗GPT가 인간의 책 쓰기를 뛰어넘을 수 없는 이유를 진짜 독서의 효과에서도 찾을 수 있다.

책을 많이 읽는 것도 중요하지만, 제대로 읽는 것은 더 중요하다. 독서할 때 가장 중요한 것은 어떻게 읽었느냐 하는 것이다. 《채근담》에 보면 이런 말이 나온다.
"책을 읽으면서 성인이나 현자를 보지 못한다면, 그는 글씨를 베끼는 사람에 지나지 않는다."

책을 읽었지만, 그저 글씨를 베끼는 사람은 자신과 세상을 알 수 없다. 그 이유는 존 로크가 다음과 같은 말을 통해 잘 설명해 주었다.
"독서는 지식의 재료를 공급할 뿐, 그것을 자신의 것으로 만드는 것은 어디까지나 사고의 힘이다."

책을 읽었지만, 성인이나 현자를 만나지 못하는 사람들은 지식의 재료만 습득하여, 지식만 확장된 경우다. 바로 챗GPT가 가장 잘하는 것, 지식 확장과 문장의 나열과 생성이다. 진짜 독서의 묘미는 그 지식의 재료를 토대로 하여 사고할 때 경험할 수 있다. 사고를 통해 성인이나 현자를 만나게 되고, 그 성인이나 현자를 통해 자신과 세상을 제대로 통찰할 수 있게 된다. 바로 이런 점에서 챗GPT는 한계가 노출되는 것이다. 챗GPT는 지식을 토대로 사고하거나 상상할 수 없고, 자신과 세상을 통찰할 수 있는 지혜가 없다. 사고력도, 통찰력도 없는 챗GPT가 어떻게 책 쓰기를 할 수 있을까? 절대 불가능하다.

독서를 통해 성인이나 현자, 나아가서 세상을 만나 보지 못하는 자는 글씨만 베끼는 사람에 불과하다. 이렇게 글씨만 베끼는 사람이 바로 챗GPT의 경우라고 생각할 수 있다. 여기서 챗GPT와 인간의 글쓰기는 초격차가 생기는 셈이다.

책 읽기와 책 쓰기는
영혼과 영혼이 만나는 일이다

책을 읽을 때 가장 조심해야 할 것은 책을 하나의 인격체로 대우해 주어야 한다는 것이다. 책에 낙서하지 말라는 뜻이 아니다. 책을 읽을 때 영혼과 영혼이 만나는 것과 같은 정도로 온 힘을 다해서 책을 읽으라는 것이다.

영혼이 없는 독서를 하는 사람들과 영혼이 있는 독서를 하는 사람의 차이는 무엇일까? 그 차이를 인공지능 섹스 로봇의 예를 통해 말하겠다. 미국에서 성매매는 불법이다. 하지만 자위기구를 사용한 판매는 불법이 아니다. 벨 연구소에서 인공지능연구원으로 일했던 더글라스 하인즈는 인공지능 기술이 기반이 된 인공지능 섹스 로봇을 개발했다.

'이 로봇은 대화를 나눌 수 있고, 인간처럼 자신의 사랑을 표현할 수 있고, 말하고 듣고 감촉을 느낄 수 있다고 한다.'

독자들은 진짜 사람과 사랑을 나눌 것인가? 인간을 흉내 내는 인공지능 로봇과 사랑을 나눌 것인가? 우리가 정말 다루어야 할 문제는 이것이다. 인공지능이 정말 '사랑을 할 수 있을까?'라는 것이다. 가장 큰 문제는 인간과 인공지능은 전혀 다른 존재라는 점이다. 영혼이 없는 기계가 어떻게 사랑을 하고, 아이를 낳고, 자녀를 낳아 기를 수 있겠는가?

독서라는 행위도 마찬가지다. 책 쓰기는 더 말할 것도 없다. 한 마디로 영혼이 담기지 않은 독서를 하는 사람들은 책을 읽다가 휴대전화만 울려도 바로 책에서 눈을 떼는 사람들이다. 이런 독서를 할 때 변화를 기대하는 것은 욕심일 뿐이다.

영혼이 있는 독서를 해야 하는 이유는 한 권의 책을 읽는다는 것은 누군가의 삶 전체를 만나는 일이다. 그래서 어마어마한 일이다. 그런데 그렇게 어마어마한 일을 하는 사람이 온 마음과 몸과 정성과 뜻과 영혼을 다해서 하지 않는다면 말이 되지 않는다.

누군가를 만난다는 것은 작은 일이 아니다. 그 사람의 과거와 현재와 그리고 그의 미래와 만난다는 것이다. 한 권의 책을 읽는다는 것은 이처럼 실로 어마어마한 일이다. 그런데 영혼이 모자란 독서를 한다면 말도 되지 않는 것이다. 어처구니없는 짓이다. 진짜다. 독서는 누군가의 삶을 만나는 행위다. 그리고 누군가의 삶은 어마어마한 것이다. 그렇게 어마어마한 것을 시간과 공간을 초월하여 만날 수 있는 어마어마한 행위를 하면서 어떻게 영혼도 없이 형식적으로 할 수 있겠는가?

영혼이 모자란 채, 영혼 없는 껍데기만으로 누군가의 삶에 우연히 만난다는 것은 말도 되지 않는 헛소리다: 두 사람이 만난다는 것이 얼마나 어마어마한 것인지에 대해 시적으로 잘 설명해 주는 시가 있다.

정현종 시인의 시 '방문객'이다. 그 시의 일부를 보면 이렇다.

"사람이 온다는 건 실은 어마어마한 일이다.
그는 그의 과거와 현재와 그리고 그의 미래와 함께 오기 때문이다.
한 사람의 일생이 오기 때문이다."

영혼이 있는 독서를 하는 사람들은 주위에서 무슨 일이 벌어져도 의식하지 못한다. 그만큼 책에 집중하기 때문이다.

한 사람이 온다는 것, 한 사람을 만난다는 것은 이처럼 어마어마한 일이다. 그런데 하물며 한 권의 책은 어떨까?

오히려 한 사람이 오는 것보다 몇백 배 더 어마어마한 일이다. 시공간을 초월하여 과거의 위대한 사람들을 만날 수 있는 유일한 방법이 독서이기 때문이다. 이렇게 엄청난 일을 하는 사람들이 영혼이 없는 채로 한다는 것은 말도 안 된다.

챗GPT에게 우리가 책 쓰기를 기대해서는 안 되는 이유다. 챗GPT는 영혼이 없다. 책 읽기든, 책 쓰기든 단순한 지식과 문장의 나열이 아니라, 영혼과 영혼이 만나는 일이기 때문이다.

책 읽기와 책 쓰기는 영혼과 영혼이 만나는 일이며, 영혼을 가진 존재인 인간을 가장 짧은 시간에 가장 위대하게 바꿔줄 수 있는 유일무이한 방법이며 성장 도구다.

세계 최고의 갑부 중 한 명인 워런 버핏은 지금도 하루에 8시간 이상의 시간을 책을 보는 데 투자하고 있다. 그렇다면 그가 성공하기 전에 한창때는 얼마나 많은 책을 읽었을까? 그는 독서의 중요성에 대해 다음과 같이 말한 바 있다.

"당신의 인생을 가장 짧은 시간에 가장 위대하게 바꿔줄 방법은 무엇인가?
만약 당신이 독서보다 더 좋은 방법을 알고 있다면 그 방법을 따르기를 바란다.
그러나, 인류가 현재까지 발견한 방법 가운데서만 찾는다면 당신은 결코
독서보다 더 좋은 방법을 찾을 수 없을 것이다."

왜 세계 최고 갑부의 입에서 독서보다 더 좋은 인생 혁명의 방법은 찾아볼 수 없다는 놀라운 주장이 나왔을까? 그것도 투자자의 입에서 말이다. 그것은 이 세상에서 무엇을 하고자 해도, 독서는 가장 근본적인 자기 계발의 도구이기 때문일 것이다. 그의 말처럼, 우리의 인생을 가장 짧은 시간에, 가장 위대하게 바꿔줄 방법으로 독서보다 더 좋은 방법은 어디에서도 찾을 수 없다. 이것은 만고불변의 진리인 셈이다.

미국의 사상가 겸 시인인 랄프 왈도 에머슨은 우리가 책을 통해, 의식과 사고의 비약적인 도약을 하게 되면, 반드시 성공할 수 있다는 말을 다음과 같이 표현한 바 있다.

"내적으로 성숙해지면 성공의 성취는 분명히 겉으로 드러난다. 정신적 단계에

서 사실을 완전히 파악하고 나면 남는 것은 육체적 단계의 실행뿐이다. 내적 깨달음을 얻었다면 성공은 이미 이루어진 것이다."

독서는 내적 성숙과 함께 깨달음을 얻게 해 준다. 독서는 단순히 글자 읽기가 아니다. 마찬가지로 책 쓰기는 단순히 글자 생성이 아니다. 책 쓰기는 그 이상의 의미와 가치가 있다.

독서의 가치와 의미를 재해석한 이들의 말들을 잠깐 살펴보자.

"독서는 뇌가 새로운 것을 배워 자신을 재편성하는 과정에서 탄생한 인류의 기적적인 발명이다."

– 매리언 울프

"독서는 독특한 본질상, 고독 속의 대화가 만들어 내는 유익한 기적이다."

– 마르셀 프루스트

"독서를 배우면 다시 태어난다."

– 루머 고든

책을 읽는다는 것은 거의 모든 경우에 있어서 자신의 삶을 스스로 개척해 나가는 것으로 이어진다. 즉 책을 읽는다는 것은 자기 자신을 자유롭게 한다는 것이다. 여기서 더 나가, 책을 읽는다는 것은 자신을 다시 태어나게 하는 일이다.

책을 읽기 전에는 사회, 직장, 관습, 통념, 현재, 생계, 현실, 가족, 민족, 국가, 인류, 시대, 친구, 종교 등과 같은 것으로부터 진정 자유롭지 못했다. 물론 이것 중에서는 좋은 것도 있다. 하지만 문제는 좋든 나쁘든 그것들로부터 자기 자신의 삶이 끌려다닌다는 것이다.

독서를 통한 가장 큰 유익은 자신의 삶을 둘러싼 모든 환경과 시대와 인간과 관습과 사회로부터 어느 정도 벗어나서 통찰하고 성찰할 수 있게 된다는 점이다. 이런 성찰과 벗어남을 통해 우리는 새로운 자신과 세상을 만들 수 있다. 그 결과 종속된 삶이 아니라 자신의 삶을 위해 그러한 것들을 좀 더 나은 방향으로 바꾸고 개선하는 주도적인 삶이 가능하게 되었다.

우리가 책을 읽어야만 하는 이유가 이것이다.

간단하게, 한마디로 말해서, 책을 읽지 않으면 노예의 삶을 살게 되고, 우물 안 개구리처럼, 플라톤의 동굴에 갇힌 자들처럼 인생을 낭비하거나 가치가 없는 인생을 살게 된다. 알게 모르게 자신의 좁은 생각의 틀이라는 보이지 않는 감옥에 갇힌 자로 평생 살게 된다.

책을 읽게 되면 자신의 좁은 생각의 틀을 조금씩 깰 수 있고, 그 결과 갇힌 자에서 벗어날 수 있는 자로 살 수 있게 된다. 독서는 인간이 자신의 삶을 개척할 수 있게 해 준다. 글자를 읽고 이해하는 단순한 행동을 독서라고 말할 수 없는 이유다. 독서는 그 이상의 행위다. 독서는 삶이 바뀌는 행위고, 세상을 만들어가는 행위다. 책 쓰기도 이와 다르지 않다.

책을 쓴다는 것은 인생을 개척하고 세상을 창조해 가는 과정이다. 영혼을 가진 인간만이 할 수 있는 행위라는 말이다.

혹시 소설가가 되고자 하는 사람이 있는가? 있다면 조정래 작가의 이 말을 반드시 명심하자.

"5백 권의 책을 읽지 않고서 소설을 쓰려고 펜을 들지 말라."

책도 읽지 않고 인생을 잘살아 보겠다고 하는 것은 마치 쌀도 없으면서 밥을 짓겠다고 하는 것과 다를 바 없다. 총알도 없으면서 총만 믿고 적진에 뛰어드는 것과 다르지 않다. 그러므로 책 쓰기를 잘 하고 싶다면, 먼저 책을 읽어라. 그것도 매일 말이다. 지식만 있다고 책을 잘 쓸 수 없다. 챗GPT와 인간의 책 쓰기는 독서에서부터 본질에서 차이가 생긴다. 인간의 책 쓰기와 챗GPT는 시작점부터 다르고, 과정도 다르고, 내용도 다르고, 결과도 다르다.

챗GPT는 독서의 위대함을 결코 경험할 수 없다. 단 한 권의 책도 제대로 독서라고 하는 것을 할 수 없다. 사고력이 없기 때문이고, 의식과 영혼이 없기 때문이다. 조정래 작가의 말을 빌려서 하면, "챗GPT야, 5백 권의 책을 읽지 않고서 책 쓰기를 하려고 덤비지 말라."

현대인들은 책을 주마간산走馬看山처럼 읽는다. 그런데 이렇게 책을 읽어서 다양한 지식과 정보를 얻었다고 해도 그것은 백해무익한 행동이다.

그렇게 백 권 혹은 천 권의 책을 주마간산처럼 읽었다고 치자. 그렇게 읽으면 얻게 되는 것은 결국 지식과 정보뿐이다. 그러한 것들을 통해서 인간은 성장할 수 없다. 인간의 성장은 사고와 의식의 확장을 통해서만 가능한 것이다. 새로운 지식과 정보를 토대로, 인간의 사고와 의식이 결합하여야 인간은 성장하고 발전할 수 있다. 그런 점에서 눈으로만 빨리 읽는 주마간산 독서는 올바른 책 읽기 방법이라고 할 수 없다. 그렇게 방법이 잘못된 독서는 안 하는 것이 더 낫다. 주마간산 독서를 하면 아까운 세월만 낭비할 뿐, 당신이 얻게 되는 것은 하나도 없기 때문이다.

마치 이런 독서는 밑 빠진 독에 물 붓기와 다를 바 없다. 자신의 성장에 영양분이 되어 줄 것들이 모조리 다 빠져 버리는 '껍데기만 독서'가 현대인들이 잘하는 주마간산 독서이다. 글쓰기도 이와 다르지 않다. 지식의 나열과 문장의 생성을 주마간산처럼 하는 글쓰기는 인간의 사고와 의식의 확장이 모자란 '껍데기만 글쓰기'다. 이런 주마간산과 같은 글쓰기는 챗GPT가 주로 하는 글쓰기다. 챗GPT의 글쓰기는 번갯불에 콩 구워 먹는 것처럼 빠르다. 빨라도 너무 빠르다. 그것이 문제다. 왜냐하면, 사고하고, 의식할 시간조차 주어지지 않기 때문이다.

인간의 책 쓰기는 챗GPT의 주마간산 글쓰기와 다르다. 인간의 책 쓰기는 저자의 사고와 의식, 삶과 경험이 다 녹아들어 있는 진짜 글쓰기라고 할 수 있다.

훌륭한 작가가 갖추어야 할 3C를 기억하라

필자가 거의 10년 전에 출간한 책에 보면, 〈훌륭한 작가가 반드시 갖추어야 할 3C를 기억하라〉라는 제목의 글이 있다. 이 글이 인공지능 챗GPT가 세상에 나오기 전 10년 전에 쓴 것이지만, 마치 챗GPT가 절대로 인간의 글쓰기를 이기지 못하는 이유와 그 차이점을 놀랍게도 잘 설명한다. 그래서 여기에 다시 소개하고자 한다.

10년 전 출간했던 그 책은 그 당시 많은 이들에게 책 쓰기에 대해 충격을 준 책이었다. 그 책은《김병완의 책 쓰기 혁명》이란 책이다. 이 책의 주제는 '언제까지 읽기에서 머물 것인가, 생각하지 말고 무조건 써라!' 였다. 이 책을 읽고 일반 독자들보다 더 많은 작가가 충격을 받았다고 한다. 책 쓰기가 자신들만의 전유물이라고 생각하고 있었는데, 갑자기 김병완이라는 사람이 나타나서, 책 쓰기는 천하의 공물이며, 누구나 할 수 있을 뿐만 아니라 해야 한다고 주장했기 때문이다.

이 당시에는 똑똑한 사람, 성공한 사람, 재주가 있는 사람만 책을 쓴다고 생각하고 있었다. 그런데 필자는 그 생각이 틀렸다고 정면으로 반박하고 나섰기 때문이다. 그때 가장 유행시켰던 문장이 이 문장이었다. 이 문장을 최초로 말한 사람이 필자라는 증거는 《김병완의 책 쓰기 혁명》의 출간 일자를 보면 된다.

"전문가가 책을 쓰는 것이 아니다. 책을 쓰면 전문가가 되는 것이다.
성공한 사람이 책을 쓰는 것이 아니다. 책을 쓰면 성공한 사람이 되는 것이다.
자신을 넘어선 사람이 책을 쓰는 것이 아니라, 책을 쓰는 사람이 자신을 넘어서는 것이다."

훌륭한 작가가 갖추어야 할 3C는 무엇일까?
훌륭한 작가는 절대 문장력만 갖춘 작가를 말하지 않는다. 자신의 문장력이나 필력만 믿고 자기가 하고 싶은 이야기만 주저리주저리 세상에 내뱉는 자는 작가가 아니다. 좋은 작가가 갖추어야 할 3C가 없기 때문이다.

작가는 세상과 타인에게 뭔가를 제공하는 사람이다. 그것은 세상과 타인에게 도움이 되는 해결책이나 방법을 제안하고, 막힌 길을 뚫어서, 길을 갈 수 있게 해주는 사람이 작가여야 한다. 즉 훌륭한 작가는 독자들의 고민을 해결해주는 사람이어야 하고, 독자들에게 용기와 위로를 주는 사람이어야 한다. 그런 점에서 훌륭한 작가가 갖추어야 할 첫 번째 요건은 Customizer독자 고민을 해결하는 특별 주문자가 되는 것이다.

연극에도 반드시 관객이 있어야 하듯, 작가는 반드시 독자를 생각해야 한다. 자신이 쓴 글을 아무도 좋아하지 않고, 아무도 읽지 않는다면 진정한 의미에서 작가라고 할 수 없다. 독자가 없는 이런 작가를 무늬만 작가라고 부른다. 작가라면 당연히 자신의 책을 읽어 주고 열광하는 독자가 있어야 한다.

진짜 작가의 글과 책은 세상과 타인을 따뜻하게 위로해 주는 것이어야 한다. 세상과 독자들을 일깨워주거나, 독자들의 삶에 영향을 주거나, 독자들에게 용기와 희망을 주거나, 세상과 독자들을 끌어나가거나, 독자들의 생각과 의식을 바꾸거나, 독자들의 삶에 지대한 영향을 주는 글을 쓰는 사람이 작가여야 한다.

독자와 독자의 삶에 아무 상관이 없는 글을 쓰는 사람은 그런 점에서 작가가 아니다. 독자들과 그들의 삶과 아무 상관이 없는 글을 쓰는 사람의 가장 전형적인 경우가 세상에 나타났다. 바로 챗GPT다.

챗GPT의 글은 진정한 의미에서 인간의 삶에 그 어떤 영향도, 그 어떤 관계도 맺지 못하는 문장의 나열에 불과하기 때문이다.

훌륭한 작가는 독자들과 좋은 관계, 적절한 관계를 형성할 줄 알아야 한다. 훌륭한 작가들은 독자 자신도 알지 못하는 자기 자신들의 욕구와 감성을 충족시켜 달라고 하는 무언의 독자들 주문을 받을 수 있는 능력을 갖추어야 하고, 그 주문대로 특별 주문 제작해 줄 수 있는 사람이어야 하는 것이다. 하지만 결정적으로 챗GPT는 이런 능력이 없다. 인간을 도무지 제대로 이해하지도 못하고, 인간의 숨은 욕구와 욕망, 감정과 기분을 도무지 이해하지 못한다. 온 우주보다 더 소중한 자녀들에 대한 사랑, 자신의 생명과 인생보다 더 소중한 자녀에 대한 부모의 사랑이 어떤 것인지, 챗GPT는 절대로 알지 못한다.

훌륭한 작가가 갖추어야 할 두 번째 요건은 Contents할 말이다. 독자들에게 해 줄 수 있는 자기만의 독특한 할 말, 즉 말할 거리를 가지고, 있어야 하고, 끊임없이 만들어 낼 줄 알아야 한다.

아무리 필력이 좋아도, 아무리 독자와 좋은 관계를 형성할 줄 안다고 해도, 그 책에 내용이 없다면, 결국 오래 가지 못하게 되고, 독자들은 그 작가를 외면하게 될 것이다. 번지르르한 문장의 나열, 이미 존재하는 소설의 플롯과 구성을 비슷하게 베끼는 식의 낡은 메시지는 새롭지 못할 뿐만 아니라 독자들을 사로잡을 수도 없다. 독자들을 지치게 할 뿐이다.

챗GPT의 결정적인 문제는 바로 이것이다. 인간이 프로그래밍한 틀 속에서 문장을 나열하고 지식과 정보를 연결하고 조합하여 새로운 문장을 만들어 나갈 뿐이다. 그들에게는 인생이 없고, 감정이 없다. 인생을 제대로 살아본 적도 없고, 감정도 없는 존재에게 인간의 삶이 담긴 콘텐츠를 기대해서는 안 된다. 아무것도 모르는 천진난만한 세 살 난 갓난아기에게 인생의 쓴맛, 단맛, 매운맛을 온몸으로 겪고 인생의 산전수전, 공중전까지 다 겪은 이들의 삶의 이야기를 기대하는 것과 같다.

끊임없이 문장을 생성하여 엄청난 양의 글을 빨리 쓸 수 있다는 것과 세상과 독자들에게 진정으로 해 주고 싶어 할 말이 있다는 것은 전혀 다른 의미이다. 할 말이 많다는 것은 그 분야, 그 주제에 대해서 남들보다 훨씬 더 깊고 넓은 경험과 의식, 노하우와 기술을 가지고 있다는 것을 의미한다. 챗GPT에게 이런 노하우와 기술, 경험과 의식이 전혀 없다. 여기서 끝이 아니다. 이것보다 더 중요한 사실이 또 있다.

작가는 실제로 그 분야의 전문가로 살아가야 한다는 것이다. 즉 진짜 그런 인생을 살아낸 사람의 이야기가 진짜 할 말이다. 인생을 살아본 적도 없고, 심지어 의사로 살아본 적도 없는, 의사도 아닌 사람이 의사 흉내를 내는 것은 가짜다. 이런 가짜가 나와서도 안 되고, 되어서도 안 된다. 의사로 평생 살아온 전문가가 의사의 삶에 관한 책을 잘 쓸 수 있다. 의사도 아닌 사람이, 의사에 대한 지식과 정보가 많다고 해서 의사의 삶이나 의사에 관한 책을 쓴다면, 그것은 가짜다. 이런 말도 안 되는 일이 이제 챗GPT로 인해 현실이 되고 있다.

그런 점에서 전문가로 인생을 경험한다는 것은 어마어마한 의미를 모두 포함하고 있다. 단순히 어떤 인생이나 분야에 대해 지식과 정보만 많이 있다고 해서 책을 쓰거나, 말할 수 있다고 할 수 없는 이유가 바로 여기에 있다.

남과 다른 자기 자신만의 책 쓸 거리가 되기 위해서는 누구나 알 수 있는 지식과 정보, 쉽게 경험할 수 있는 일보다는 매우 특별하고 개인적인 일이어야 하고, 누구나 숙달할 수 있는 일반적인 능력이나 세상에 알려진 공유된 지식이 아닌 희소성이 강한 능력이나 경험을 통해 얻은 산지식이어야 한다. 챗GPT가 알고 있는 방대한 지식은 이미 공유된 죽은 지식에 가깝다. 이 점을 우리는 주목해야 한다. 즉 책의 가치는 이 세상에서 아무도 모르는 것을 누군가가 평생 살면서 혹은 연구해서 발견하고 터득하게 된 자기만 알고 있는, 아직 세상에 알려지지 않는 희소성 강한 경험적 지식으로 결정된다.

이런 희소성 강한 경험적 지식, 세상에 아직 알려지지 않은 자기만 알고 있는 새로운 지식은 챗GPT가 절대로 알 수 없다. 바로 여기서 챗GPT와 인간의 책 쓰기는 초격차가 발생한다.

해외여행을 아무나 갈 수 없었던 시대에는 해외여행을 다녀온 것이 좋은 콘텐츠가 된다. 하지만 지금은 누구나 쉽게 다녀올 수 있고, 경험이 없는 사람조차도 마음만 먹으면 쉽게 접근할 수 있으므로 좋은 콘텐츠라고 할 수 없다.

할 말이 있는 작가가 되기 위해서는 직접 경험과 함께 간접 경험도 중요하다. 직접 경험은 시간과 공간의 한계가 있고, 한 사람이 경험할 수 있는 것은 제한적이다. 하지만 간접 경험은 무한하다. 그리고 그러한 간접 경험을 통하면, 글을 쓸 때 할 말은 무궁무진해진다.

독서를 많이 한 사람들이 책 쓰기에 유리한 이유가 바로 이것이다. 다독가들은 이미 책 쓰기에 있어서 좋은 고지를 선점한 것과 다름없다.

필자가 좋아하는 '프리 라이팅free writing', 즉 내리쓰기글씨나 맞춤법 등에 얽매이지 않으면서 쓰고자 하는 것을 처음부터 끝까지 쭉 내려쓰는 것의 대가이자 30여 년간 글쓰기를 가르쳐온 바버라 베이그는 훌륭한 작가에 대해서 이렇게 말한 적이 있다.

"훌륭한 작가가 훌륭한 것은 단순히 우아한 문장을 교묘하게 다듬을 줄 알기 때문이 아니다. 그들이 훌륭한 것은 그들에게 할 말이 있고, 할 말을 바탕으로 독자와 적절한 관계를 형성할 줄 알기 때문이다."

그가 제시하는 훌륭한 작가의 조건은 독자와의 관계이다. 이것은 위에서 얘기한 훌륭한 작가가 갖추어야 할 세 가지 요건 중에 두 가지와 일맥상통한다. 책을 쓰는 인간만이 독자와 관계를 맺을 수 있고, 소통할 수 있다. 챗GPT는 사회생활을 해 본 적도 없고, 할 수도 없다. 그런 점에서도 챗GPT는 인간관계를 맺을 수 없는 존재다. 챗GPT는 사회생활이 무엇인지도 이해할 수 없는 존재에 불과하다.

독자들의 주문 제작자가 된다고 해서, 그들의 필요만을 좇으라는 말은 아니다. 오히려 그들이 깨닫지 못하는 것들을 먼저 깨우쳐 주고, 그들을 끌고 갈 수 있어야 훌륭한 작가다. 그런 점에서 훌륭한 작가에게 요구되는 세 번째 요소는 Creative창조적인 마인드이다. 창조적 마인드는 고유 명사이다. 마인드는 마음과 다른 고유 개념으로, 서구 근대의 인식론을 가능하게 하는 기본 개념이며, 고유 명사다.

새로운 것을 끊임없이 창조해 낼 수 있는 작가만이 이 시대에 독자를 끌고 갈 수 있는 훌륭한 작가가 될 수 있다, 창조적인 마인드란 세상 사람들과 다른 시각을 가지는 것을 말한다. 그래야 새로운 것들을 끊임없이 만들어 내고, 발견하고, 개척해 나갈 수 있기 때문이다.

생각해 보라. 누군가가 글을 썼는데, 그 내용이 전부 싫증 나고 낡은 내용이고,

이미 누군가가 다 알고 있는 지식과 정보라면 어떻게 될까? 챗GPT의 글쓰기가 바로 이렇다. 이미 공유된 누구나 다 알고 있는 지식과 정보를 토대로 문장을 생성할 뿐이기 때문이다. 진짜 책 쓰기에 가장 중요한 것은 상상력과 창의력이다. 세상을 남과 다르게 볼 줄 아는 시각을 가져야 진정한 의미의 책 쓰기를 할 수 있다. 챗GPT는 남과 다른 시각을 가지고 있지 않다. 통찰력은 말할 것도 없다.

훌륭한 작가의 책에는 반드시 이 세상에 존재하는 이미 누군가가 써 놓은 그 어떤 책 속에 서도 찾아볼 수 없는 창조적인 내용과 통찰력이 담겨 있다. 하지만 챗GPT는 이 세상에 존재하는 혹은 존재했던 누군가가 써 놓은 책 속에서 찾아볼 수 있는 내용만으로 글쓰기를 한다. 바로, 이 차이가 챗GPT와 인간의 글쓰기가 다른 점이기도 하다.

피터 드러커의 책이 위대한 이유는 바로 여기에 있다. 그가 자신보다 더 똑똑한 경영학적 지식으로 무장한 수천 명의 경영학자를 제치고, 현대 경영학의 창시자가 될 수 있었던 것도 그의 창조성과 통찰력 때문이다.

자. 기억하자. 훌륭한 작가는 자기만의 콘텐츠, 즉 가치 있고, 주목할 만한 할 말이 있어야 하고, 독자의 삶과 의식에 영향을 충분히 끼칠 수 있을 만큼 독자와 좋은 관계를 유지해야 하고, 사회와 인류의 진행 방향을 바꾸어 놓을 수 있을 만큼 창조적이고 남다른 통찰력을 갖추어야 한다.

그래서 훌륭한 작가란 문장력이 있는 것만으로 절대로 될 수 없다. 문장력이 있다고 훌륭한 작가라고 생각하는 사람이 있다면, 한 번 더 자신을 성찰해 보기를 바란다. 필자의 생각에는 필력만 있는 사람들은 꿈도 꿀 수 없는 그런 존재가 바로 훌륭한 작가이다.

"독창적인 작가란 누구도 모방하지 않는 작가가 아니라 아무도 모방할 수 없는 작가이다."

프랑스 작가 샤토브리앙의 말이다. 훌륭한 작가란 한 마디로 누구나 당신을 모방할 수 없는 작가다. 아무리 필력이 있어도, 피터 드러커를 모방할 수 없다. 피터 드러커의 경쟁력은 필력이 아니라 그가 가진 콘텐츠와 창조성과 통찰력이기 때문이다. 사고력과 창조성과 상상력이 없는 챗GPT에 이런 것들이 없다. 챗GPT가 인간의 책 쓰기를 뛰어넘을 것이라고 속단하는 독자들이 있다면, 다시 한번 생각해 보기를 바란다.

작가는 세상과 타인을
이롭게 하는 사람이다

우리가 본받아야 할 작가는 누구일까? 필자는 한 치의 망설임도 없이 혜강 최한기 선생이라고 말할 것이다. 그 이유는 우리 선조 중에서 가장 많은 책을 저술한 작가이기 때문이 아니다. 그는 책을 저술하는 것이 혼자만 잘 먹고 잘사는 것이 아니라, 민족과 백성을 이롭게 하는 것, 즉 책을 쓰는 것이 덕을 쌓는 것이라고 말했다.

그것이 바로 '저술 공덕'이다. 혜강 최한기 선생은 몇 권의 책을 집필했을까? 그는 평생 1,000여 권 이상의 책을 집필했다. 우리 민족 백성 중에서 가장 많은 책을 집필한 셈이다. 그 이유가 바로 책을 쓰는 것이 세상과 타인을 이롭게 하는 것이라는 고귀한 사명 때문이었다. 우리가 본받아야 할 부분이 이것이다.

책을 쓰는 작가는 자신의 경험과 노하우, 지식과 정보를 자랑하거나, 단순하게 나열하는 사람이 아니라, 세상과 타인을 이롭게 하고 더 좋은 세상을 만들어 나가고자 하는 사람이어야 한다. 챗GPT에 세상과 타인을 이롭게 하고자 하는 사명이나 의무감이 존재할까?

작가가 되고자 하는 사람들은 무엇보다 욕심을 먼저 버려야 한다. 즉 마음을 비울 줄 알아야 대체 불가한 작가가 될 수 있다. 왜냐하면, 욕심이 많은 사람은 글을 쓰는 데 오롯이 집중할 수 없을 뿐만 아니라, 욕심으로 인해, 더 큰 부와 성공에 집착하게 되고, 그것은 엄청난 스트레스와 압박으로 작가 자신을 괴롭게 만든다. 그 상태로 책을 쓰는 사람은, 누구보다 쉽게 슬럼프에 빠질 수 있다. 작가는 먼저 자신의 마음을 지킬 수 있어야 한다. 외부의 비난이나 혹평은 물론이고, 내부의 욕심과 집착으로부터 자신의 마음을 지킬 수 있어야 한다. 이런 이유로 자기 수양과 마음 수련은 작가의 필수 덕목이다.

욕심이 많은 사람보다는 마음을 잘 비울 줄 아는 사람, 외부 세상과 환경에 잘 휘둘리는 사람보다는 그 어떤 폭풍우 속에서도 춤을 출 수 있을 만큼 마음을 잘 지키는 사람이 대체 불가한 작가로 성공할 수 있다.

"우리가 책을 읽는 이유는 이기심(利己心)에서 비롯되지만, 결국 독자가 얻게 되는 것은 이타심(利他心)이다. 애당초 책을 읽을 때 이타심 같은 것은 원한 적이 없다고 해도 그렇다."

프랑스의 소설가이자 편집자인 샤를 단치의 이 말은 무엇을 의미하는 것일까?

책에 대한 환상과 책을 통한 지적 허영심, 그리고 책으로부터 얻을 수 있을지도 모르는 보이지 않는 그 어떤 위안들 때문에 책을 읽는 이들도 적지 않다. 하지만 샤를 단치는 냉정하게 말한다. 책은 독자를 위해 만들어진 것도, 저자를 위해 만들어진 것도 아니라 책 자체로 존재하기 위해 만들어졌다고 말이다. 우리 선조 혜강 최한기 선생과 전혀 다른 집필 목적이다.

하지만 독자들은 독서를 통해 작가의 작품, 즉 책이 빨리 사장되어 버리는 것을 막아준다. 즉 불멸의 고전 같은 책들은 앞서 살았던 위대한 독자들이 멈추지 않고 읽고, 그 독자들이 사라졌을 때는 그 후에 바통을 이어받아 살았던 독자들로 인해 다시 읽히게 되어 지금까지 생명력을 유지하게 되는 것이다.

바로 이런 이유에서 독서는 인간을 이기적인 인간에서 이타적인 인간으로 바꾸어 놓게 되는 것이다. 독서는 책만을 불멸하게 만드는 행위가 아니다. 독서는 저자의 책과 함께 그 책을 읽었던 수많은 독자를 함께 불멸하게 만드는 행위이다. 책의 반은 독자들이 완성하는 것이기 때문이다.

독자들은 수천 년 전의 노자의 책을 읽음으로써 수천 년이라는 시간을 극복해 내고, 인간에게 주어진 유한한 시기와 시대를 벗어날 수 있게 된다. 죽음을 이긴다는 것은 미래에 관한 이야기에 국한되지 않는다. 그리고 책 읽기에만 제한되는 이야기가 아니다.

작가는 세상과 타인을 이롭게 하려고 책을 쓰는 사람이다. 그러므로 작가에게 가장 중요한 것은 마음을 비우고 꼭 해야 할 말만, 필요한 말만 하는 것이다. 자신의 지식과 경험을 자랑하기 위해 그런 것들을 나열하고 화려하게 만들어 보여 주는 사람이 아니다. 작가는 어떻게 보면 큰 사명이 있는 사람이다. 그런 점에서 과욕을 부리면 절대 안 된다.

책 쓰기는 세상과 타인에게 더 많은 것들을 베풀기 위해 해야 한다. 그렇게 했을 때 더 많은 독자가 당신의 책을 읽어 줄 것이다. 부자가 되는 사람들도 살펴보면, 돈과 물질에 대한 욕심이 많은 사람이 아니라, 타인에게 더 많이 베풀어 주려고 하는 사람임을 알아야 한다. 정말일까? 유대인들의 사례를 살펴보면, 어느 정도 이해할 수 있을 것이다.

역사상 가장 많은 부를 차지하고 있는 민족이 있다. 미국의 금융을 움직이고, 세계의 부와 권력을 쥐락펴락하고, 세계를 움직인 거인들을 가장 많이 배출한 민족이다. 인구 대비 역대 노벨상 수상 비율이 가장 높은 민족이기도 하고, 세계에서 가장 큰 부와 권력을 가지고 있는 미국에서 최고의 부자 중 30%를 차지하는 엄청나게 무시무시한 민족이다. 미국 명문대의 학생 비율이 거의 30%대를 늘 유지하는 민족이기도 하다. 바로 유대민족이다.

왜, 어떻게 유대인들은 이렇게 부자가 될 수 있었을까? 다양한 분야에서 어떻게 이런 큰 성공을 할 수 있었던 것일까? 유대인의 지혜와 성공 비밀을 연구하는 학자들이 꽤 많은데, 그들은 다양한 성공 비밀을 각각 주장하고 있지만, 언제나 공통으로 귀결되는 결론이 하나 있다.

바로 유대인들만이 가지고 있는 사고방식과 전통이다. 그들이 가지고 있는 전

113

통적인 사고방식은 '혼자가 아니라 서로 함께 도와주고 베풀어야 잘살 수 있다'라는 나눔과 베풂의 사고방식이다.

동양에서는 한자로 한마디로 출이반이出爾反爾라고 한다. 우리에게서 나간 것은 반드시 똑같은 것으로 우리에게 돌아온다는 뜻이다. 우리가 타인에게 돈을 주면 결국 다시 돈이 들어오게 되는 것이다. 우리가 사랑을 베풀면 똑같은 사랑을 우리가 받게 되는 것이다. 우리 입에서 거친 말이 나가면, 그것은 그대로 다시 우리에게 되돌아온다. 좋은 것이 나가도 그대로 되돌아오고, 나쁜 것이 나가도 그대로 되돌아온다는 말이다. 이것이 '출이반이出爾反爾'이다.

유대인들은 나눔과 베풂의 정신을 뼛속 깊이 깨닫고 있었고, 직접 삶에 실천했다. 유대인들은 선행을 위해 기부를 하기도 하지만, 더 큰 부를 얻기 위해 기부를 한다. 이론에 그치는 망상이나 도덕 교과서의 얘기, 탁상공론적 주장이 아니라 실제로 오랜 역사를 통해 검증된 사실이다.

오랫동안의 박해와 어려움 속에서도 유독 유대인들은 어디에 가도 성공했다. 유대인들은 큰 부자가 되었다는 사실은 역사가 증명해 주고 있다. 이러한 유대인들만의 성공비결은 서로 도와주고 베푼다는 남다른 사고방식이다. 유대인들은 가난한 시장 상인들조차도 자신들이 팔던 물건 중에 일정 부분은 길거리에 내놓아 가난한 사람들이 먹을 수 있도록 선행과 사랑을 베푼다. 베풂과 나눔의 정신은 유대인들에게 가장 중요한 삶의 원칙 중 하나였다. 이러한 원칙들이 발판이 되어 유대인들은 그토록 많은 부를 축적할 수 있었다.

유대인들의 정신 속에 흘러 내려오는 전통적인 사고방식은 '돈을 기부하고 내놓으면 더욱더 잘살게 된다'라는 것이다. 오랜 연구 끝에 유대인들의 사고방식을 과학적으로 밝힌 사람이 《부의 비밀》이란 책의 저자인 다니엘 라핀이다. 오랫동안 유대인들의 사고방식과 부의 비밀을 연구한 그는 다음과 같은 결론을 내렸다.

"돈을 더 많이 벌기 위해서는 단순히 열심히 일하고 새로운 기술을 배우는 것만으로는 안 된다. 그러한 차원을 훌쩍 뛰어넘어 자기 자신이 온전하게 변화되고 달라져야 한다."

무엇보다 부자들, 특히 유대인들은 과거의 편협하고 이기적인 사고방식에서 초월하여 자신의 이기심과 욕심을 넘어서는 사고방식을 가지게 되었다. 실제로 그렇게 될 때 비로소 부가 모여들어 세계적인 부자가 되었다는 사실을 저자는 다양한 증거를 제시하면서 이야기하고 있다. 저자는 사고방식의 개혁을 이룬 사람은 부가 따라온다는 것, 사고방식의 변혁을 온전하게 잘 이룬 사람 중에 유대인들이 많다는 것, 그래서 부자가 된 유대인이 많다는 것을 강조한다.

유대인들에게는 어릴 적부터 배우고 느끼고 체험하게 되는 세상의 실제 작동 원리, 부와 세상의 비밀, 세상 이치를 깨닫게 해주는 책인 《토라》와 《탈무드》가 있다. 이 책들을 통해 그들은 남다른 사고방식을 가지게 되고, 세상의 작동 원리와 부의 비밀을 깨닫게 되는 것이다. 이에 따라 다른 민족들과 다르게 독특한 사고를 할 수 있는 민족이 되었다. 세상에 존재하지 않던 수많은 새로운 것들을 창안하고 창조한 사람 중에 그토록 유대인이 많은 이유이다.

유대인들은 탁월한 설계자들이고, 전략가들이다. 그들의 탁월하고 독특한 사고 방식의 근저에 깔린 사상은 그들에게 전통적으로 수천 년 동안 이어져 온 기부 문화를 통해 형성되었다고 말할 수 있다. 자선과 선행을 나타내는 히브리어인 '세다카' 정신은 급기야 유대인들에게 더욱 큰 부를 가져다주는 도화선이 되었다.

그들은 남다르게, 서로 함께 교류하고 정보를 전달할 기회가 많을수록 참여한 모든 사람의 부가 동반 상승하며, 시너지 효과를 통해 더 큰 부가 창출된다는 사실을 알고 있었다. 그래서 그들에게는 언제나 '친구를 많이 사귀고 도우려고 애쓰라', '인간관계를 성공과 출세의 도구로 삼지 말라', '순수하게 타인을 위해 애쓰고 도움을 주라', '타인에게 많이 베풀라. 그러면 더욱 많은 것을 받을 수 있다'라는 사고들이 있는 것이다.

책을 쓰고자 하는 사람들은 이런 정신을 배워야 한다. 세상과 타인을 이롭게 하겠다는 목표와 정신과 의식이 있다면, 더 좋은 책을 더 많이 집필할 수 있기 때문이다. 욕심과 집착이 많은 사람보다는 나눔과 베풂의 정신이 강한 사람이 더 훌륭한 작가가 될 수 있다. 챗GPT에게는 세상과 타인을 이롭게 해주고자 하는 마음과 의식과 정신이 하나도 없다. 이 차이가 또한 인간의 책 쓰기가 챗GPT와 다른 격차가 생기는 부분이기도 하다.

마음을 비울수록 더 많은 세상이 보이고 더 많은 것들을 생각할 수 있고 더 많은 것들을 글로 쓸 수 있다. 비우면 비울수록 새로운 것들로 채울 수 있는 것이 항아리의 비밀이듯, 자신의 마음이 욕심으로 가득 차 있으면 그 어떤 것으로도 채울 수 없고, 당신은 글로 쓸 수 없게 된다. 욕심도 비우고, 분노도 비우고, 아픔도 비우고, 후회도 비우고, 집착도 비우고, 슬픔도 비우고, 미움도 비우고, 연민도 비울 때 비로소 당신은 진정한 작가가 될 수 있다.

글을 쓴다는 것은 글과 자신이 하나가 되는 것이다. 그런데 욕심이나 집착이나 미움이나 분노와 같은 온갖 마음의 잡동사니가 당신의 내면에 가득 차 있다면 어떻게 글과 당신이 하나가 될 수 있겠는가?

당신의 내면에 있는 온갖 잡동사니를 비워야 그 비워진 곳에 세상과 타인을 향한 가슴 뛰는 메시지가 들어와 그것이 당신과 하나 될 때 글로 재탄생되는 것이다. 생각해 보자. 당신의 마음에 분노와 욕심과 집착으로 가득 차 있다면, 그런 사람이 쓰는 글은 어떤 성격의 글이 될까? 당연히 분노와 욕심과 집착으로 가득 차 있는 그런 글이 될 수밖에 없다.

이런 사람이 어떤 주제에 대해서 글을 쓴다고 해도 그 글에는 욕심과 집착과 분노가 섞여 있게 되는 것이다. 당신의 머릿속에 온갖 우주에 관한 생각만 가지고 있는 사람이 어떤 글을 쓴다면 글 속의 우주에 관한 이야기가 저절로 흘러나오지 않을 수 없게 된다. 당신의 머릿속에 온갖 공부에 대해 생각만 하는 사람은 자연스럽게 공부에 관한 이야기가 흘러넘치게 되는 것이다.

이스라엘 성지 순례를 다녀온 사람은 이스라엘 성지에 바다가 두 개 있다는 사실을 안다. 하나는 갈릴리 바다이고, 다른 하나는 사해다. 갈릴리 바다는 받은 것보다 많이 베풀고 나누어 흘려보내는 바다이다. 점점 더 많은 생명체가 살 수 있어서, 풍요로운 바다가 되고, 그곳에서 사는 생명체는 모두 풍족한 삶을 누린다. 주변의 모든 동물과 사람들까지 행복하고 윤택하게 해주는 베풂의 바다가 되는 것이다. 이처럼 타인을 행복하고 윤택하게 할수록 자신이 더 행복해지고 성공하게 된다는 이치가 자연에도 그대로 적용된다.

또 다른 하나의 바다가 사해다. 사해는 갈릴리 바다와 정반대다. 요르단강의 신선한 물을 받기만 하고 흘려보내지 않는 사해에서는 어떠한 베풂과 나눔도 일어나지 않는다. 어떠한 생명체도 살지 못하고, 급기야 죽은 바다가 되어 버린 것이다.

우리 삶에도, 책 쓰기에도, 사업에도 이 원리는 똑같이 적용된다. 남에게 많이 베풀고, 남을 윤택하게 해주는 인생, 책 쓰기, 사업은 결국에는 보다 많이 윤택해지고 행복해진다. '다른 누군가의 길을 밝혀 주기 위해 등불을 켜면 자신의 길도 밝히게 된다'라는 말처럼, 다른 누군가의 성공을 돕기 위해 살아가면 결국 자신의 성공을 돕는 일이 된다.

다른 사람이 원하는 것을 가질 수 있게 돕는다면 당신도 모든 것을 가질 수 있다. 다른 사람을 돕는 자가 가장 높이 올라간다. 책 쓰기에도 이런 원리는 그대로 적용된다.

책 쓰기는 챗GPT가 아닌
인간에게만 유희다

필자는 작가 지망생들에게 책 쓰기를 어린아이가 놀이터에서 놀듯, 그렇게 자유롭게 신나게 즐겁게 순수하게 몰입하여 글을 쓰라고 조언해 주고 싶다.

놀이터에서 놀이에 몰두한 어린아이들을 자세히 관찰하였는가?
어린이들은 자기 자신만의 세계를 건설하고, 그 세계에서 모든 것을 경험하며 세상을 모든 것을 가진 자처럼 그 세계를 호령하고, 즐기고, 누리고 논다.

작가란 원고지라는 놀이터에서 새로운 작은 세계를 건설해 나가는 어린아이가 되어야 한다. 가장 순수하게, 가장 자유롭게, 가장 신나게, 가장 즐겁게 놀이하듯 글을 쓰는 것이다. 그렇게 글을 쓸 때 최고의 작품이 나오는 것이라고 필자는 생각한다. 어린아이들은 놀이터에서 놀 때 가장 창조적으로 된다. 작가는 그러한 상황을 스스로 만들어야 한다.

어린아이들은 놀이터에서 놀면서 세상을 배우게 된다. 작가도 역시 글을 쓰면서 더 큰 세상을 배워야 하고, 경험해야 하고, 그것을 글로 써야 한다. 저자 강연회나 작가 인터뷰 때 필자가 자주 하는 말이 있다. '책 쓰기는 어린아이가 놀이터에서 노는 것과 같다.'라는 말이다. 자신의 이름으로 된 책을 한 권이라도 세상에 내놓고 싶은 사람이라면 오늘부터 어린아이가 놀이터에서 놀 듯 그렇게 글을 써 보는 것은 어떨까? 인간에게 책 쓰기는 하나의 유희다. 그것도 최고 수준의 유희다. 챗GPT는 절대 할 수 없는 것, 바로 노는 것이다. 아이들처럼 순수하게, 신나게, 즐겁게 놀이터와 같은 곳에서 노는 것을 챗GPT는 평생, 영원히 경험할 수 없고, 논다는 것, 인간의 유희를 절대 이해할 수 없다. 챗GPT는 그런 존재다.

지식이 담긴 백과사전이 숨을 쉴 수 없듯이, 챗GPT도 숨을 쉴 수 없고, 살아 움직일 수 없다. 생명이 없고, 감정이 없다. 유희가 무엇인지 모르는 챗GPT의 책 쓰기를 유희로 책 쓰기를 할 수 있는 인간의 책 쓰기 수준까지, 그 경지까지 오를 수 없다.

어린아이는 놀이터에 들어가면서 '오늘은 얼마나 신나게 놀아야 할 것인지, 혹은 오늘은 얼마나 많이 놀아야 할 것인지, 오늘은 누구와 놀아야 할 것인지'와 같은 것들은 생각하지 않는다.

글을 쓸 때 이런 식으로 놀이하듯 하는 것이 매우 좋다. 인간만이 할 수 있는 '유희적 책 쓰기'이기 때문이다. 오늘은 얼마나 많이 쓸 것인지? 혹은 오늘은 얼마나 잘 쓸 것인지? 오늘은 몇 시간 글을 쓸 것인지? 와 같은 것들을 생각하지 않는 것이 좋다. 책 쓰기를 통해 몰입을 경험하는 자들은 이런 생각을 많이 하지 않는다.

도서관 의자에 앉는 순간, 그리고 노트북이나 타자기를 여는 순간 그때부터 그저 쓰기만 하면 되는 것이다. 어린아이가 놀이터에서 놀 때는 그 어떤 생각도, 계획도, 시나리오도 없다는 사실을 명심하자. 그야말로 즉흥적이고 자유롭고 신나게 논다는 것을 말이다.

당신도 글을 쓸 때 지금보다 좀 더 즉흥적이어야 하고, 자유로워야 하고, 신나야한다. 이것이 '유희적 책 쓰기'의 경지다. 이런 조언을 하는 작가들이 많지는 않을 것이다. 하지만 필자는 하고 싶다. 이렇게 글을 쓸 때 얼마나 높게 자신의 책 쓰기가 도약할 수 있는지를 체험해 본 사람은 절대 침묵할 수 없기 때문이다. 무엇보다 유희적 책 쓰기는 절대 챗GPT가 범접할 수 없는 경지의 책 쓰기이기 때문이다.

어린아이가 놀이터에서 놀 때는 아무 걱정도 하지 않는다. 자신이 놀기 때문에 생길 그 어떤 미래에 대해 걱정하거나 두려워하지 않는다. 어린아이는 자신이 놀고 있는 바로 그 순간에 모든 것을 집중한다. '지금, 이 순간을 즐겨라.'라는 말이 있듯, 어린아이가 놀이터에서 놀 때는 그 어떤 것에도 연연하지 않는다. 노는 것에만 집중하는 것이 바로 놀이터에서 노는 어린아이의 진짜 모습일 것이다.

당신도 이처럼 글을 쓰는 것이 필요하다. 글을 쓰는 것에만 온전히 집중할 수 있어야 한다. 그것이 당신이 가진 능력을 최고로 끄집어내는 유일한 방법이기 때문이다. 놀이터에 가서 어린아이가 뛰어노는 것을 자세히 관찰하고 그들한테서 우리는 배워야 한다. 즐겁게 사는 법, 즐겁게 집중하는 법, 미래를 걱정하지 않는 법, 지금, 이 순간에 사는 법을 말이다.

어린아이가 놀이터에서 놀 듯 글을 쓴다는 것은 글을 쓰는 것에 자신을 맡긴다는 것이다. 결국, 자신을 자유롭게 뛰어놀게 하는 것이고, 거침없이 즐기는 것이다. 한 마디로 책 쓰기를 즐길 수 있어야 유희적 책 쓰기를 할 수 있다.

책 쓰기는 놀라운 힘을 가지고 있다. 책 쓰기를 하다 보면 자신도 모르게 논리적으로 되고, 창조적으로 되기 때문이다. 알게 모르게 글을 쓰기 전보다 훨씬 더 많은 다양한 생각들을 유연하게 해낼 수 있게 되는 자기 자신을 발견하고 무척 놀라는 경우도 적지 않다.

바로 책 쓰기에는 사람의 사고를 단련시키고 사고의 근육을 단련해주고, 창조적으로 생각할 수 있게 해주는 힘이 있다. 어린아이가 많이 놀면서 성장하고 어른이 되어 가는 것과 같다. 제대로 놀지도 못한 아이는 발육 상태가 느릴 수밖에 없다. 놀이는 최고의 성장 도구인 셈이다. 책 쓰기도 마찬가지다. 유희적 책 쓰기를 하는 사람은 책 쓰기의 기술과 내공도 급성장한다.

챗GPT가 절대 할 수 없는 '유희적 책 쓰기'가 우리에게 왜 필요할까? 노동이 아닌 놀이일 때, 우리는 더 많이 할 수 있고, 더 즐길 수 있기 때문이다. 부산에서 서울까지 가는 길이 쉽고 편하고 즐거운 길로 갈 것인가? 힘들고 고통스러운 노동처럼 느껴지는 길로 갈 것인가? 우리가 유희적 책 쓰기를 선택해야 하는 이유도 바로 여기에 있다. 책 쓰기는 놀이처럼 하더라도, 그 성과는 단순하지 않다. 책 쓰기는 인간의 지성을 발달시키고, 새로운 것을 개발하고 창조하게 큰 도움을 준다.

1966년 노벨 생리의학상을 받은 피터 도허티 박사에게 노벨상을 받게 된 원동력이 무엇인지 기자가 물었다. 피터 도허티 박사의 답변은 의외였다. 많은 기자가 예상하지 못한 대답이었기 때문이다. 그는 독서와 글쓰기 능력이 노벨상을 받게 된 힘이라고 강조했다. 과학자나 개발자가 자신의 연구를 뛰어나게 잘하고자 한다면 무엇보다 글을 잘 쓸 줄 알아야 한다고 그는 강조했다. 왜 그럴까? 과학자가 글을 잘 쓰지 못하면 연구 결과를 설명할 수 없고, 글을 잘 쓰는 사람이 생각도 명확히 하며, 연구도 잘 할 수 있기 때문이다. 무조건 연구만 하는 과학자와 시간을 만들어 매일 자신의 연구 성과와 과정, 연구 원리와 방법 등을 늘 쓰는 사람은 연구 성과에는 격차가 발생한다는 것이다. 글을 쓰는 사람은 달라도 다르다.

책 쓰기가 정말로 이렇게 놀라운 힘을 가진 이유 중 하나는 우리의 사고는 언어의 구조라는 틀 속에 갇혀 있기 때문이다. 그러한 언어의 구조를 새롭게 만들어 내고 응용하는 것이 바로 책 쓰기의 본질이다. 그러한 응용 과정에서 인간의 사고는 좀 더 논리적으로 되고, 좀 더 창조적으로 되는 것이다. 책 쓰기를 통해 생각이 정리되는 것보다 더 중요한 효과는 새로운 생각을 창조할 수 있다는 점이다. 한 마디로 책 쓰기는 창조적 사고력을 키운다. 이 점이 인간의 책 쓰기와 챗GPT의 그것이 다른 결정적 이유 중 하나다. 챗GPT는 아무리 많은 글을 쓴다고 해도, 창조적 사고력을 만들 수 없고, 키울 수도 없다. 이것이 챗GPT의 한계다.

글쓰기를 하면 단편적이고 불연속적인 수많은 생각을 정리하는 과정을 통해 새롭게 생각을 구성하여 하나의 새로운 사고 체계를 만들게 된다. 이 과정에서 창조적 사고력이 발전하게 된다. 특히 글쓰기를 뛰어넘어 책 쓰기를 하면, 불연속적이고 단편적인 수많은 생각을 복합적으로 융합하게 되고, 이 과정을 통해 새로운 개념을 창조하게 되는 것이다. 챗GPT는 기존에 있는 지식과 정보를 융합하여 문장을 나열한다는 한계가 있다. 하지만 인간의 책 쓰기는 기존에 없는 새로운 지식을 창조적으로 만들어 낼 수 있다. 이것이 다른 점이다.

챗GPT와 인간의 글쓰기가 다른 또 다른 이유를 초서 독서법의 예를 통해 말하고 싶다. 초서 독서법을 6개월 동안만 인간이 매일 하면, 그 사람은 천재로 도약할 수 있다. 하지만 챗GPT는 초서 독서법을 제대로 잘할 수도 없지만, 한다고 해도, 변화되는 것은 없다. 지식의 확장은 가능하겠지만, 천재란 지식이 많은 사람을 의미하는 것이 아님을 독자들은 잘 알고 있다. 초서 독서법이 천재 만드는 기적의 독서법인 이유가 바로 여기에 있다. 초서 독서를 하면, 평범한 사람이 천재로 도약하게 된다. 한 마디로 천재를 만들어 내는 독서법인 셈이다. 초서 독서법은 읽기만 하는 독서가 아닌, 읽고, 쓰고, 생각하고, 융합하여 창조하는 독서법이기 때문에, 인류 역사상 최고의 독서법이라고 필자가 과감하게 주장하고 있다. 퀀텀 독서법의 창안자가 퀀텀 독서법이 아닌 다른 독서법을 이렇게 좋게 평가해도 되는 것일까?

퀀텀 독서법과 초서 독서법의 성격과 목표가 전혀 달라서 상관없다. 퀀텀 독서법은 도서관에 있는 많은 양의 책을 단기간에 읽게 해주는 '다독술多讀術'이다. 한 마디로 양의 독서, 수평 독서의 기술이라고 한다면, 초서 독서법은 질의 독서, 수직 독서의 기술이다. 천재가 되고 싶은 사람이나 창조적 사고력을 급성장시키고 싶은 분들은 초서 독서법을 추천한다. 하지만 평범한 일반인들은 초서 독서법도 좋지만, 많은 양의 독서를 할 수 있게 해주는 최고의 다독술인 퀀텀 독서법이 더 필요할지도 모른다.

책 쓰기가 챗GPT가 아닌 인간에게만 더 놀라운 이유 중의 하나는 책 쓰기는 반드시 손가락을 이용해야 하기 때문이다. 손가락은 외부에 나온 뇌라고 할 수 있을 정도로 매우 놀라운 기관이다. 손가락을 사용한 악기 연주, 가령 피아노 연주를 배우게 하면 머리가 좋아지는 이유가 바로 이것 때문이다. 손가락을 잘 사용하는 젓가락 문화권의 민족들이 지능지수가 높은 이유도 바로 이것 때문이다.

손가락을 사용하는 것은 뇌과학적 측면에서 뇌를 깨우고 마사지하고, 움직이도록 자극하는 것과 다를 바 없다. 잠자고 있는 뇌의 각 부분을 깨우는 것이 바로 손가락을 사용하여 글을 쓰는 것이다. 인간은 그냥 말을 하는 것보다 손가락으로 타자기를 칠 때 혹은 빈 종이에 아무 글씨라도 휘갈겨 쓸 때 좋은 생각들이 떠오르고, 생각하려고 했던 것들이 훨씬 더 쉽게 생각난다.

책 쓰기는 이러한 여러 가지 이유로 인해서 인간의 사고력을 명료하게 해주고 확장하고 높여주는 훈련인 셈이다. 그런 점에서 100권의 책을 읽는 것보다 1권의 책을 쓰게 되면 훨씬 더 많은 공부를 하게 되고, 더 많이 배우게 되고, 성장하게 되는 것이다.

책 쓰기를 잘하는 사람들이 결국에는 시대를 이끄는 지도자가 된 경우가 많은 것도 이와 같은 맥락에서 이야기할 수 있을 것이다.

버락 오바마 대통령은 흑인 최초로 미국의 대통령이 된 기록을 세웠다. 그가 책 쓰기를 잘한다는 것은 누구나 다 아는 사실이다. 그는 대학 시절 흑인 최초로 하버드 로 리뷰Law Review 편집장이 되었다. 그가 얼마나 책 쓰기를 잘하는 사람인지를 잘 알 수 있는 증거는 이것이다. 그가 쓴 책은 이미 수십 권에 이른다. 2차 세계대전을 승리로 이끈 윈스턴 처칠도 역시 책 쓰기에 남다른 재주가 있었던 사람이었다. 그는 정치인으로서 유일하게 노벨 문학상을 받은 사람이기도 하다. 김대중 대통령을 비롯한 정치적인 영향력을 비롯한 각 분야에서 두각을 나타낸 사람들은 최소한 한 두 권의 책을 출간한 경험이 있는 사람들인 이유도 이런 맥락에서 설명할 수 있을 것이다.

책 쓰기는 사고를 명료하게 해주고, 정리해주고 높여주는 효과가 있다. 필자 역시 실제로 그러한 것들을 경험했다. 복잡한 주제에 대해서 글을 쓰다 보면 쓸수록 그 복잡한 주제가 단순하게 정리되는 경우가 많다. 글을 쓰면서 스스로 정리가 되는 것이다. 책 쓰기가 가진 힘이 발휘되기 때문이다. 그런데도 우리는 유희적 책 쓰기를 할 수 있는 유일무이한 존재라는 사실을 잊어서는 안 된다. 책 쓰기를 당신이 노동이 아닌 놀이로 즐길 줄 알아야 하는 이유다.

실패를 두려워하지 말고,
책 쓰기에 도전하라

"사람이 세상에 나서 책을 안 읽고(공부도 하지 않고) 무슨 일을 하겠는가?"

조선 시대 최고의 지식인이었던 다산 정약용 선생의 말이다. 이 말은 수백 년이란 세월을 뛰어넘어 바쁜 현대를 살아가는 우리에게도 그대로 적용이 된다. 특히 현대처럼 인간의 평균 수명이 100세에 가까워질 만큼 노후가 길어진 시대를 살아가야 할 우리에게는 그렇다.

수많은 선비 중에서도 다산 정약용 선생의 공부론을 거론하는 이유는 그분의 삶이 곧 올바른 공부의 모범이 되기 때문이다. 조선 시대 평균 수명은 40세 전후다. 그런데 다산 선생은 바로 그 나이에 기약할 수 없는 유배를 당하게 되었다. 보통 그 당시 유배를 당하게 되면 삶의 의욕과 희망이 사라지기 때문에 몇 년 안에 죽음을 맞이하게 되는 것이 보통이다.

그런데 다산 선생은 오히려 다른 사람들과 달리 유배를 시작했던 40세부터 인생의 절정기를 스스로 만들어 자신의 가치를 높이고 민족과 후손에게 돈으로 환산할 수 없는 수많은 책을 집필하는 성과를 창출했다.

그가 한 말 중에서도 필자를 가장 크게 깨우쳐 준, 말은 단연코 이것이었다.
"백 년도 못 되는 인생이 공부하지 않는다면 이 세상에 살다 간 보람을 어디서 찾겠는가?"

정말 우리 인생은 백 년을 넘지 못 할지도 모른다. 그런데 중요한 것은 인생을 살았던 횟수가 아니라 살다 간 보람을 찾는 것이다. 보람을 가장 쉽게 찾을 수 있는 길이 책을 쓰는 것이다. 책 쓰기는 인간에게 살다 간 보람을 찾을 수 있게 해주는 지름길이다. 챗GPT는 아무리 책을 쓴다고 해도, 그 어떤 보람도 느끼지 못한다. 챗GPT가 아무리 느끼고 창작하고 인간과 교류를 할 수 있다고 해도 말이다.

사람이 세상에 나서, 백 년도 못 되는 인생을 살면서, 책 쓰기도 하지 않는다면, 이 세상에 살다 간 보람을 어디서 찾겠는가? 그러므로 실패를 두려워하지 말고 책 쓰기에 도전하는 것이 현명한 선택이다.

사회 초년까지는 누구나 치열하게 열심히 살게 만드는 사회 구조와 시스템 속에서 우리는 살아가고 있다. 그래서 인생 중반까지는 질적으로 양적으로 큰 차이가 나지 않는다. 하지만 진짜 차이가 나는 시기는 인생의 중년과 노년이다.

중년과 노년이 될수록 전적으로 삶의 격과 질은 본인에게 달렸다. 그래서 중, 노년이 될수록 헨리 데이비드 소로의 이 말을 명심해야 한다.

"나는 의식적인 노력으로 자신의 삶을 높이고자 하는 인간의 확실한 능력보다 더 고무적인 사실을 알지 못한다."

빠르면 40대 때, 늦어도 50대 때 은퇴한다고 가정해 보자. 그때부터 공부든, 책 쓰기든, 제2의 사업이든 시작하는 것이 좋다. 실패한다고 해도 말이다. 실패가 두려워 아무것도 시도하지 않았다면 20년~40년 이상을 허송세월로 보내야 할지도 모른다. 책 쓰기든, 공부든 무엇이든 시작했다면 제2, 제3의 인생을 보란 듯이 살아갈 수 있게 될지도 모른다. 실패를 한다고 해도, 그 과정에서 삶의 희열과 열정을 느꼈다면, 또한 그것이 실패라고 할 수 없다. 그러므로 실패를 두려워하지 않고, 도전하는 것이 인생을 잘 살아내는 방법이다.

영화 〈슈렉〉의 원작 동화인 〈Sherk!〉을 쓴 윌리엄 스타이그가 원래부터 동화작가였던 것은 아니다. 그는 노년의 나이에 실패를 두려워하지 않고 도전했다. 그가 동화작가의 삶을 시작한 나이는 무려 61세였다. 환갑이 넘어, 새로운 인생에 도전한 것이다. 놀랍지 않은가? 그전에는 카툰과 그림을 그리는 사람이었고, 젊은 날 열심히 일한 덕분에 편안한 노후가 보장되었음에도 그는 동화작가라는 새로운 인생에 도전하여, 95세까지 불꽃 같은 삶을 살았다. 요즘 젊은 세대들은 30~40대때 빨리 부자가 되어, 은퇴하는 것을 목표로 하는 파이어FIRE, Financial Independence Retire Early족을 추구하기도 한다. 파이어족은 한 마디로 조기 은퇴족이다. 일찍 돈을 많이 벌어서 남들보다 빨리 은퇴하여, 죽을 때까지 편하게 일하지 않고 사는 사람들이다.

일찍 은퇴해서 하기 싫은 일을 평생 하지 않고, 먹고 살 수 있다면 누구나 열광하고 좋아할 것이다. 하지만 현실은 다르다. 사람이 꼭 월급 때문에 일을 하는 것은 아니다. 할 일이 없고, 출근할 회사가 없이 빈둥빈둥 집에서 노는 사람들은 처음에는 행복할 수 있지만, 몇 개월 동안 그런 생활을 하면, 미쳐 버릴 수 있다. 일찍 은퇴한 사람은 인생길에서 방향을 잃을 경우가 많아서, 매우 위험하다. 그뿐만 아니라 건강도, 심리 상태도 급격하게 나빠질 수 있고, 피폐해질 수 있다.

문제는 일과 삶의 균형을 잡지 못하는 것이다. 한쪽으로 너무 치우쳐 먹고 놀기만 하는 것도 문제고, 놀지 않고, 휴식도 없이 일만 하는 것, 과로하는 것도 문제다. 일과 삶의 균형을 맞추어 평생 현역으로 살아갈 수 있는 것은 조기 은퇴족보다 더 행복한 삶일 수 있다. 인간은 일하면서 심적 평안과 기쁨과 보람과 경제적 풍요로움, 타인의 인정과 존경, 삶의 활력과 휴식의 달콤함 등을 제대로 경험할 수 있기 때문이다.

월요일부터 금요일까지 5일 동안 뼈 빠지게 일을 했던 시기가 필자에게도 있었다. 하지만 치열하게 열심히 일하고 나서, 맞이하는 토요일은 세상에서 그 어떤 기쁨과 즐거움보다 더 큰 선물이었다. 휴일의 달콤함은 아무나 맞이할 수 없다. 매일 놀고먹는 사람은 휴일의 달콤함이 무엇인지 모른다.

현대 경영학의 창시자로 칭송받고 있는 피터 드러커는 《넥스트 소사이어티》란 위대한 책을 무려 그의 나이 93세에 집필했다. 또 이탈리아의 세계적인 작곡가 주세페 베르디는 걸작 《파스타프》라는 오페라를 80세의 나이에 작곡했다.

그들 모두의 공통점은 새로운 분야에 실패를 두려워하지 않고, 담대하게 도전했다는 사실이다. 우리가 기억해야 할 점은 그들의 눈부신 중년과 노년의 인생은 그들이 실패를 두려워했다면, 도전하지 않았다면, 불가능했다는 점이다. 피터 드러커는 세계에서 위대한 인물 중의 한 명으로 자신을 드높이는 데 성공했다. 그는 이런 말을 한 적이 있다.

"제 인생 최고의 전성기는 60세부터 90세까지의 30년입니다."

이것이 바로 우리가 실패를 두려워해서는 안 되는 이유이다. 위대한 대문호였던 도스토옙스키가 한 말인 '한 인간의 존재를 결정짓는 것은 그가 읽은 책과 그가 쓴 글이다.'라는 말을 생각해 볼 때, 책 쓰기는 선택이 아닌 필수다. 100세 시대를 살아가는 인간이라면, 반드시 도전해야 할 한 가지가 책 쓰기라는 말이다. 책 쓰기는 다른 일을 하면서 병행할 수 있는 제2의 직업으로도 좋다. 책 쓸 시간을 취미 생활하듯이 만들면 되기 때문이다. 시간과 공간의 제약을 받지 않고 할 수 있다는 점도 책 쓰기의 좋은 점이다.

당신이 작가가 되고자 한다면 가장 중요한 사실 한 가지를 말해 주겠다. 그것은 절대 세상과 전문가들의 말에 귀를 기울이면 안 된다는 것이다. 그 이유는 작가로서 꿋꿋하게 살아가기 위해서이다. 작가로 살기 위해서는 세상과 전문가들의 그 어떤 말에도 귀를 기울여서는 안 된다. 당신의 작품에 대해 전문가들의 평가는 그야말로 천차만별이다.

혹평하는 전문가도 있고 찬사를 아끼지 않는 전문가들도 있을 수 있다. 하지만 어느 쪽도 당신의 작가 생활에 해로운 독이 된다는 사실을 명심해야 한다. 혹평하는 전문가들의 평가에 너무 귀를 기울이게 되면 열등의식에 빠질 수 있고, 자신의 무한 잠재력에 스스로 제동을 걸게 되는 꼴이 될 수 있다. 엄청나게 성장할 수 있는 당신의 책 쓰기가 몇몇 전문가들의 혹평으로 인해 정체되고 퇴보할 수 있다는 것이다.

이것만큼 낭비적이고 후회스러운 것이 또 있을까?

이와 마찬가지로 찬사를 아끼지 않는 사람들의 호평도 당신의 작가 생활에 해로운 것은 마찬가지이다. 누군가가 당신의 글에 대해 끝없는 찬사를 보내고, 당신은 그 말을 그대로 믿고 자신이 마치 글을 잘 쓰는 천재 작가로 도약이라도 한 것처럼 느껴질 때 힘을 빼야 한다. 그때부터 어깨에 힘이 들어가고, 목에 힘을 주게 되기 때문이다.

작가는 세상의 소리에 귀를 기울이지 않아야 한다. 다만 작가는 세상에 자신의 목소리를 조용히 외쳐야 한다. 그것이 작가 본연의 임무이기 때문이다. 세상의 평가에 너무 귀를 기울이면 그것에 휘둘리며 살게 된다. 세상에 자신을 당당히 내보여야 하는 것이 작가의 삶이기 때문에, 세상에 휘둘리며 살아서는 절대 안 된다.

작가는 누구보다 자기 자신에 관해 확신하고 있어야 한다. 그런 사람에게서 확신에 찬 좋은 글이 나올 수 있기 때문이다. 자기 자신에 대한 확신도 없는 사람에게서 어떻게 강하고 힘찬 글이 나올 수 있겠는가?

결국, 글이란 당신에게서 흘러나오는 또 다른 당신이다. 그런 점에서 당신 자신에 대해 당신은 강한 신념을 가지고, 있어야 하며, 강한 의식이 굳건히 당신의 내면에 존재하고 있어야 한다.

전문가들의 평가와 권위자들이 쏟아내고 있는 말들이 얼마나 신뢰할 수 없는 것인지를 당신이 잘 알고 있다면 세상과 전문가들과 권위자들의 평가에 휘둘리지 않을 도움이 될 것이다.

권위자나 전문가들의 확신에 찬 주장들이 헛소리일 뿐이라는 사실을 잘 말해 주는 경우 중에 대표적인 사례가 바로 로저 배니스터Roger Bannister의 사례일 것이다.

1954년까지 인류는 '인간은 1마일을 4분 안에 돌파할 수 없는 존재'로 알고 있었다. 그렇게 인류가 생각하게 된 이유는 그 당시 수많은 권위 있는 의학자들과 스포츠 분야에서 세계적인 전문가들이 이구동성으로 '인간은 1마일을 돌파할 수 없다'라고 주장했기 때문이다.

'인간이 만약에 1마일을 4분 안에 돌파하게 되면 폐와 심장이 파열되고, 심한 긴장으로 뼈가 부러지고 관절이 파열되며, 근육과 인대, 힘줄 등이 찢어지게 될 것이다.'
이러한 주장을 그 당시 전문가들, 권위자들, 의학자들이 이구동성으로 했고, 그 결과 인류는 이 주장을 진리로 받아들였고, 정말 그런 것인 줄 믿었다. 그런 잘못된 신념 때문에 인류는 수백 년 동안 1마일을 4분 안에 돌파하지 못했다. 인간은 충분히 돌파할 수 있음에도 말이다.
드디어 전문가들의 주장이 달랐다는 사실을 입증한 인물이 나타났다. 자기 자신에 대한 확신이 찬 멋진 친구가 나타난 것이다. 바로 로저 배니스터였다. 그는 1마일을 4분 안에 주파했다. 그런데도 폐와 심장은 멀쩡했다. 부러지고 찢어진 신체 기관은 하나도 없었다.

이 사실이 세상에 알려지자 2년도 채 지나지 않아서, 1마일을 4분 안에 돌파하는 사람들이 300명 이상으로 늘어났다. 세상과 전문가들의 주장에 그동안 휘둘리며 살았던 육상 선수들이 로저 배니스터의 활약과 기록을 보고 나서 세상과 전문가들의 주장에 영향을 받지 않고 자신 능력을 제대로 발휘할 수 있게 된 것이다.

당신이 세상과 전문가들의 주장에 휘둘리지 않아야 하는 이유가 바로 이것이다.

인간만 가슴 뛰는 에너지를
가지고 있다

〈뉴욕 타임스〉가 예전에 21세기 사회의 가장 큰 특징 중에 하나로 '조르비즘이 대세'가 되는 사회일 것이라고 예견했던 적이 있었다.

'조르비즘'이란 뜨거운 자유인으로 살아갔던 니코스 카잔차키스의 장편 소설 〈그리스인 조르바〉에서 탄생시킨 주인공 조르바처럼 멋진 인간의 자유롭고 강렬한 삶을 뜻한다.

현대인들에게 가장 필요한 것은 스펙도, 학벌도, 인맥도, 부도, 성공도, 직장도 아니다. 사실 가장 중요한 것은 가슴 뛰는 에너지다. 이것 하나만 있으면 다른 모든 것을 감당해 낼 수 있고, 극복해 낼 수 있기 때문이다. '가슴 뛰는 뜨거운 에너지'를 가진 사람은 조르바처럼 뜨겁게 인생을 살아가게 된다.

당신에게 이것이 없다면, 아무리 좋은 직장, 좋은 환경, 좋은 연봉을 받더라도 당신의 삶은 진정한 의미의 참다운 인생이 아니다. 가슴 뛰는 인생이 아니면 진정한 성공이라고 할 수 없다. 우리가 가장 경계해야 하는 것은 제대로 살아보지 못한 채 살아가는 것이다. 헨리 데이비드 소로의 말처럼, '조용한 절망의 삶'을 살아가는 것이다. 챗GPT는 제대로 살아보지 못한 채 존재하는 것이며, 인간을 흉내 내고 있을 뿐이다. 챗GT가 인간처럼 느끼고 창작하고 상상하고 인간과 교류를 할 수 있는 것처럼 보인다고 해도, 챗GPT는 가슴 뛰는 뜨거운 에너지를 만들 수 없고, 가질 수 없다.

조용한 절망의 삶은 어떤 기쁨도, 어떤 즐거움도 주지 못한다. 당신이 바로 그런 삶을 지금 살고 있다면 가장 큰 문제는 무엇일까? 바로 '가슴 뛰게 하는 뜨거운 에너지'의 결핍이다. 과거에는 돈과 같은 물질적인 부분에서 결핍된 사회였다. 하지만 정신적으로는 잘살아 보고자 하는 뜨거운 갈망과 이 세상이 감당해 낼 수 없는 뜨거운 에너지가 있었다. 사실 이런 것들이 가장 중요하다. 그래서 과거에는 물질적으로 부족했지만, 우울증이나 정신 질환으로 자살을 하는 사람들이 많지 않았다. 한국 사회에 자살률이 높은 이유가 바로 이것이다. 가슴 뛰는 뜨거운 에너지가 없으면 왜 안 되는 것일까? 이것이 없으면 삶이 공허해지고, 무료해지기 때문이다. 결국, 조용한 절망의 삶을 살게 되는 것이기 때문이다.

한국 사회는 어느 정도 물질적인 부분에서 풍요로운 사회가 되었다. 하지만 정신적인 부분에서는 결핍된 사회다. 가장 결핍된 부분이 '뜨거운 에너지와 의식 혁명'이다. 우리는 이제 다시 한번 열정의 시대를 살아가야 한다. 가슴 뛰는 에너지를 가지고 살아가는 삶이 좋은 삶이기 때문이다. 그렇게 하려면 가장 필요한 것은 뜨거운 가슴을 품는 것이다. 살아서 꿈틀거리는 뜨거운 심장으로 인생을 살아가는 것이다. 챗GPT가 절대로 가질 수 없는 생명 말이다.

조용한 절망의 삶이 아닌, 가슴 뛰는 뜨거운 에너지와 심장으로 살아간 대표적인 인물이 누굴까? 21세기 가장 위대한 혁신가였던 애플의 스티브 잡스가 아닐까? 우리가 그를 기억하는 이유이기도 하다. 그는 항상 목말라했고, 바보처럼 늘 우직하게 삶을 살아 나갔다. 이것이 바로 가슴 뛰는 에너지를 진정으로 가지고 제대로 인생을 살았던, 뜨거운 삶이고, 제대로 된 삶이다. 이런 가슴 뛰는 에너지, 열정과 같은 것이 챗GPT에 존재할 수 없다. 챗GPT는 스티브 잡스처럼 항상 목말라하지 않는다. 챗GPT는 바보처럼 늘 우직하게 삶을 살아갈 수 없는 존재다. 갈망이란 것이 무엇인지도 모르는 존재가 인간의 갈망을 이야기하는 책을 쓸 수 있을까? 그냥 춤을 추는 로봇처럼 흉내는 낼 수 있겠지만, 그런 책에는 영혼이 담기지 않는 법이다.

챗GPT는 가슴 뛰는 것이 무엇인지 모른다. 절대로 모른다. 100년이 지나도, 기술이 몇백 배 발달한다 해도 가슴 뛴다는 것이 어떤 것인지 절대 이해할 수 없다. 챗GPT는 그런 존재에 불과하다. 챗GPT는 무엇인가를 갈망하거나, 바보처럼 우직하게 살아갈 수 없다. 명령에 따라 행동하는 프로그래밍이 된 존재이기 때문이다.

뜨거운 에너지는 우리가 단 한 번밖에 살 수 없는 인생을 고차원적인 인생으로 도약할 수 있게 해 준다. 양자 역학에는 퀀텀 점프Quantum Jump라는 용어가 나온다. 퀀텀 점프라는 말은 낮은 에너지 준위에 있는 양자가 높은 에너지 준위로 이동하는 일이다. 양자에 에너지가 추가되면, 양자는 퀀텀 점프, 즉 대도약을 한다. 여기서 우리가 명심해야 하는 것은 양자가 퀀텀 점프하는 데 필요한 단 한 가지 조건은 에너지다. 에너지가 없으면, 양자는 절대로 도약할 수 없다. 인간도 마찬가지다. 뜨거운 에너지 없이 인류 역사상 위대한 일이 성취될 때는 없다.

남들처럼 그냥 열심히 직장 생활하면서 일하는 사람과 가슴 뛰는 뜨거운 에너지가 있는 사람은 초격차가 생기는 법이다. 열심히 일하는 사람과 미친 듯이 뜨겁게 일에 몰입하는 사람은 다르다. 이것은 하늘과 땅 차이의 격차를 만든다. 누구나 하루 24시간 열심히 인생을 살아간다. 하지만 눈부신 성공을 하고, 가슴 뛰는 인생을 사는 사람도 있지만, 어제와 별반 다를 바 없는 시시한 인생을 사는 사람도 적지 않다.

누구나 똑같이 회사에서 일한다. 그렇게 5년이 지나고, 10년이 지난 후에 보면 두 사람 중의 한 사람은 거인으로 성장한다. 하지만 또 한 사람은 평범한 사람에 머물고 있다. 똑같이 주어진 시간에 열심히 일했고 열심히 살았지만, 왜 한 사람은 자신을 뛰어넘어 거인으로 도약하고, 또 한 사람은 평범한 사람으로 평생 머물러 있는 것일까? 이 사실에 대해서 통찰력의 고수이자 현대 경영학의 창시자였던 피터 드러커는 이렇게 말했다.

"조금밖에 바라지 않으면 성장도 없다. 많은 것을 추구하면 같은 노력으로 거인으로 성장할 수 있다."
— 《목표를 달성하는 경영자》, 피터 드러커 저, 중에서

인간이 내면에 품을 수 있는 가장 강력한 성장 동력은 담대한 것, 많은 것, 큰 것을 기대하는 뜨거운 에너지이다. 긍정적이고 담대하고 크고 위험한 목표는 뜨거

운 에너지를 가진 인간만이 만들 수 있다. 피터 드러커는 또 다른 책인 《보이지 않는 혁명》이란 책에서 이런 말을 한다.

"스스로 성장해 나가기 위해 가장 우선시해야 하는 것은 탁월함을 추구하는 일이다. 여기서 자신감이 생겨난다."

가슴 뛰게 하는 에너지는 바로 이것이다. 탁월함을 추구하고, 최고가 되고자 하는 담대하고 크고 강력한 목표와 생각이다. 생각도 못 한 일을 상상하고 기대하고 추구하고 최고가 되고자 하는 사람에게는 뜨거운 에너지가 절대적으로 필요하다.

다시 한번 열정의 시대를 살아가고 싶은가? 그렇다면 지금까지 단 한 번도 품지 않았던 거대하고 위대하고 위험하고 무모할 정도로 큰 생각과 목표를 설정하고 그 목표를 뜨거운 가슴에 품으라는 것이다. 그것이 바로 뜨거운 에너지이다.

당신이 가슴 뛰는 삶을 살지 못한 이유는 목표가 너무 시시했기 때문이다. 뜨거운 에너지가 방출될 만큼 가슴 뛰는 목표가 없었기 때문이다. 가슴 뛰는 목표를 가지면, 그 목표가 당신의 내면에서 뜨거운 힘을 만들어 줄 것이다. 목표가 거대하고, 위험하고, 엄청난 것일수록 당신 내면에서 뜨거운 에너지가 저절로 솟아날 것이다. 그것이 바로 인생 고수들이 전해 주는 삶의 기술이다.

챗GPT는 아무리 책 쓰기를 해도, 절대 바뀌지 않고, 뜨거운 인생을 살아낼 수도 없다. 하지만 당신은 다르다. 당신은 뜨거운 인생을 충분히 살아낼 수 있는 인간이다. 그러므로 당신은 책 쓰기와 같은 담대하고 거대한 목표를 가지는 순간, 뜨거운 에너지가 만들어질 것이고, 그로 인해 가슴 뛰는 인생을 만들 수 있게 될 것이다.

가슴 뛰는 에너지는 열정이 있는 자와 없는 자를 가린다. 그것은 청춘과 노인을 가리는 것이다. 나이는 숫자에 불과하다. 나이는 청춘과 노인을 가리는 기준이 되어서는 안 된다.

청춘은 노인과 다르다. 얼마나 다를까? 청춘은 아무리 나이가 많아도 상관없다. 한 마디로 그것은 그 사람이 하루하루 그저 늙어가고 있는지 아니면 하루하루 더 큰 자신을 만들어가고 있는지, 그래서 늙어가는 것이 아니라 가슴 뛰는 에너지를 가지고, 뜨겁게 살아가고 있는지를 말해 준다.

한국에서 유명한 어떤 발레리나는 이런 말을 했다.
"어딘가 아프지 않은 날은 내가 연습을 게을리했구나! 반성하게 돼요. 저는 살면서 단 한 번도 다른 삶을 동경해 본 적이 없어요. 발레에 인생을 바쳤고 그래서 내 삶에 후회는 없어요."

가슴 뛰는 뜨거운 에너지, 열정은 바로 이런 것이다. 아무리 듣기 좋은 미사여구로 치장한들 이것보다 더 아름다울까? 열정은 아름다운 이들이 살아가는 삶의 방식이며, 강한 자들이 삶을 살아내는 삶의 에너지며, 선량한 이들이 세상을 아름답게 만드는 삶의 원동력이다.

뜨거운 에너지, 열정을 가진 자들은 나이와 상관없이 평생 청춘으로 살아간다. 뜨거운 열정을 가진 자들은 과학적으로 청춘과 같은 상태이기 때문이다. 동양에서도 한심한 사람이라고 할 때, '한심'은 마음이 차갑게 식은 상태를 말한다. 그렇게 차갑게 식은 마음을 가진 사람은 열정과 정반대되는 모습의 삶을 살아간다. 그렇게 한심한 사람은 그 어떤 것도 이루어 낼 수 없다. 인생과 일에 있어서 퀀텀 점프를 시켜줄 수 있는 유일한 동력은 뜨거운 에너지인 열정이기 때문이다. 많은 위인은 이구동성으로 다음과 같이 말한다. 그리고 분명 이유가 있다. 세상은 당신의 생각보다 더 정확하고, 공짜가 없기 때문이다.

"열정 없이 이루어진 것은 이 세상에 아무것도 없다."

2008년 노벨 경제학상을 수상한 폴 크루그먼은 세계 경제학의 슈퍼스타다. 〈이코노미스트〉는 그를 이 시대의 가장 저명한 경제학자라고 부른다. 그가 이렇게 위대한 경제학자가 된 이유는 단 한 가지다. 선택과 집중, 즉 최고의 단순함이다. 그리고 그것이 바로 열정을 지배하는 삶이다. 그의 생활을 보면, 자기 자신도 쉽게 인정하는 이 말로 설명이 된다.

"내 사생활은 재미가 없다."

그는 이것도 하고, 저것도 하는 여우형 인간이 아니라, 평생 단 한 가지만 바보처럼 우직하게 하는 고슴도치 형 인간이다. 열정이 있다는 것만 해도 늙지 않고, 식지 않는 청춘의 삶을 살고 있다는 것을 의미한다. 하지만 그는 열정에 지배당하지 않고, 지배한 사람이었다.

인생은 속도가 아닌 방향이다. 이런 측면에서 살펴볼 때, 열정을 지배해야 할 필요가 있다. 무책임한 청춘보다는 자신의 삶을 책임질 줄 아는 현명한 청춘이 훨씬 더 낫기 때문이다. 그러므로 열정을 지배하는 사람이 되어야 한다. 열정을 가지고 있고, 그것을 올바른 방향으로 지배할 수 있는 사람이 가장 훌륭한 사람이다.

인간에게 뜨거운 에너지가 없다면 어떤 성공도 이룰 수 없다. 뜨거운 에너지가 없다면 어떤 위대한 것도 얻을 수 없다. 뜨거운 에너지가 없다면 하다 못 해 자신을 변화시키거나 성장시킬 수 없다. 인생에서 정말로 배신하지 않는 것이 있다면 그것은 열정일 것이다. 마지막으로 현대 경영학의 창시자로 평가받고 있는 피터 드러커의 말을 되새겨 보면 좋겠다.

"열정을 갖고 하나만을 억척스럽게 물고 늘어지는 사람만이 어떠한 일이든 성 취해 낼 수 있다."

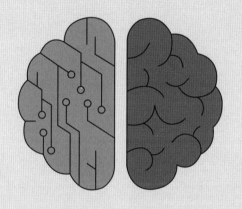

제3장

챗GPT가 아닌 인간을 위한
책 쓰기의 전략과 방법

"책 쓰기는 누구나 할 수 있다. 즉 누구나 작가가 될 수 있다. 그러므로 결단하고 도전하라. 동양 고전에 결단하고 행동하면 귀신도 무서워서 도망간다고 했다. 결단하고 행동하면 몇 개월 후에는 당신의 이름으로 된 책 한 권이 이 세상에 모습을 드러낼 것이다. 그 감격의 순간을 꼭 맞이하기를 바란다."

– 《김병완의 책 쓰기 혁명》 중에서, 26쪽

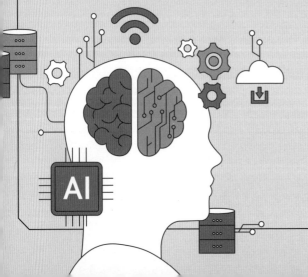

챗GPT는 답변을,
작가는 질문한다

《총, 균, 쇠》라는 책으로 유명해진 퓰리처상 수상 작가이기도 한 재러드 다이아 몬드는 그의 또 다른 인류 문명에 관한 책인 《문명의 붕괴》라는 책을 통해 왜 어떤 민족은 살아남았지만, 또 다른 민족들은 몰락했는지에 대해 질문을 던졌다. 그 질 문을 통해 그는 인류에게 아주 중요한 교훈을 전해 주었다.

그는 물론 이 책을 집필한 의도가 환경 파괴에 대한 경각심을 불러일으키는 것 이었음에도 솔직하게 한 사회가 전적으로 환경 파괴로 인해 붕괴하는 것만은 아 님을 고백했다. 즉 다른 요인들도 있다는 것이다.

그가 말한 다른 요인들은 환경 파괴를 제외하면 크게 4가지 정도로 나눌 수 있 다. 그 네 가지 요인은 기후 변화, 적대적인 이웃의 잦은 침략, 우호적인 이웃의 지원 감소와 중단, 그리고 마지막 요인이자, 모든 사회에서 발견되는 문제인, 한 사회에 닥친 문제에 대한 구성원들의 대응 방식이다.

필자는 이러한 요소 중에서도 가장 중요한 것이 마지막 요소라고 생각한다. 왜냐하면, 환경 파괴나 기후 변화는 그것이 인류에게 어쩔 수 없는 것이라면 그것을 극복해 낼 수 없을 것이고, 인간의 선택과 개선과 실천을 통해 극복해 낼 수 있는 것이라면, 그렇게 심각한 붕괴의 결정적인 요인은 아닐 것이라는 사실에 초점을 두기 때문이다.

특히 그가 주장한 이웃의 잦은 침략은 우리 민족만큼 이웃의 잦은 침략을 받은 민족도 역사적으로 찾아보기 힘들 것이다. 하지만 그런데도 우리 민족은 아직도 생존하고 있을 뿐만 아니라 경제 강국으로 도약하고 있다.

그런 점에서 가장 중요한 요소를 구성원들의 대응 방식에 두는 것이다. 인구 증가 및 감소, 환경 파괴, 기후 변화, 이웃 국가들의 잦은 외침, 우호적인 이웃의 지원 감소와 중단 등은 살다 보면 절대적으로 피해 갈 수 없는 것들이다.

하지만 이런 것들을 겪으면서도 살아남은 민족이 있고, 한두 번으로 완전하게 몰락하는 민족이 있다는 사실이다. 그 차이를 가르는 것은 구성원들의 삶의 가치관과 그로 인해 선택하게 되는 대응 방식이다.

재러드 다이아몬드가 과거에서 배우기 위해 이 책 《문명의 붕괴》를 썼다고 밝힌 것처럼 우리는 책 읽기를 통해 과거의 성공과 실패 요인을 배우고, 좀 더 나은 대응 방식을 선택할 수 있는 사고력을 기르고, 더 나은 해결책을 마련할 수 있는 지혜를 얻어야 한다. 우리가 독서해야 하고, 책 쓰기도 마땅히 해야 하는 이유가 바로 이것이다. 독서는 좀 더 나은 대응방식을 선택할 수 있는 사고력을 기르는 행위라면, 책을 쓰는 것은 더 나은 해결책을 마련할 수 있는 지혜를 얻는 행위다. 그런 지혜를 얻는 행위 중에 가장 중요한 것은 자신에게, 세상과 타인에게 질문을 던지는 것이다. 책 쓰기는 답변을 하는 것이 아니라, 질문을 던지는 행위다. 책 쓰기는 답변이 아니라 질문이어야 한다. 질문을 잘해야, 더 나은 해결책을 마련할 수 있기 때문이다.

책 쓰기는 답변이 아니다. 질문이어야 한다. 책을 쓴다는 것은 그냥 메모하는 것이나 기록하는 것이 아니다. 책 쓰기는 지식의 나열이 되어서는 안 된다. 책 쓰기는 먼저 질문을 던지는 행위에서 시작해야 하고, 그 질문에서 시작해서, 그 답을 찾아가는 과정이 바로 책 쓰기의 집필 과정이어야 한다. 이런 과정을 통해 인간은 지혜를 발견해 가고, 그로 인해 통찰력을 얻을 수 있기 때문이다.

지식을 나열하는 것은 챗GPT가 더 잘하는 일이다. 책을 쓴다는 것은 독자들에게 질문을 던지는 것이다. 질문을 통해 독자와 함께 답을 찾아가고, 지혜와 통찰력을 만들어가는 과정이다. 책을 쓴다는 것은 똑똑한 척하면서, 답변하는 것이 아니라, 독자들에게 똑똑한 질문을 던지는 것이다. 질문을 통해 독자들은 책을 읽기 전보다 더 지혜로워지고 통찰력을 기를 수 있게 된다. 하지만 챗GPT처럼 답변만 하는 그런 책은 독자들에게 단편적인 지식만 제공해 줄 뿐, 독자들에게 지혜나 통찰력을 주지 못한다. 이것이 바로 챗GPT의 책 쓰기와 인간의 그것이 다른 이유이기도 하다. 그래서 책 쓰기는 챗GPT가 할 수 있는 것이 아니다. 챗GPT의 책 쓰기와 인간의 책 쓰기는 차원이 다르기 때문이다.

인간의 책 쓰기와 챗GPT의 그것은 책을 써나가는 방향성부터도 다르다. 챗GPT가 책을 쓸 수 있다면 말이다. 챗GPT는 답변을 주로 한다. 대체 불가한 인간 작가는 질문을 주로 한다. 그것이 차이다. 챗GPT가 절대로 할 수 없는 것 말이다.

모든 글에는 전략이 있어야 한다. 그러한 전략은 책 쓰기를 통해 자신을 더욱더 확실하게, 그리고 더욱더 넓게 표현하기 위한 최고의 수단이어야 한다. 하지만 그것이 과장되고 포장되어서는 안 된다. 진실한 전략을 통해 자신의 글이 좀 더 많은 이들에게 읽히는 것은 굉장히 바람직한 것이 될 것이다. 그렇다면 어떤 전략이 글 쓰는 사람에게는 필요할까? 비즈니스 전략과는 조금은 달라야 한다. 그래서 비즈니스 전략가들이라고 해서 글을 잘 쓸 수 있는 것은 아니다. 책 쓰기의 전략은 자기 자신에게서 비롯되어야 한다는 점이 비즈니스 전략과는 다른 차원의 전략이 필요하다고 할 수 있다.

비즈니스 전략의 초점은 외부의 자원과 경쟁자들이다. 하지만 책 쓰기 전략은 자기의 사고와 자기의 의식이다. 의식과 사고가 남달라야 남들이 보지 못하는 것을 볼 수 있게 된다. 책 쓰기의 완성은 결국 자신에게 달린 것이다. 비즈니스의 완성은 그렇지 않다. 비즈니스의 완성은 계약해 주는 타 회사와 물건을 사 주는 소비자들에게 달려 있다. 하지만 책 쓰기의 모든 전략은 자신 머리에서 시작되어 결국 자신의 손끝에서 완성되어야 한다.

당신은 어떤 전략으로 글을 쓸 것인가? 당신은 무엇을 최고의 전략으로 삼을 것인가?

필자가 조언해 주고 싶은 책 쓰기의 전략은 '당신의 통합적 사고'다. 통합적 사고는 그냥 사고가 아니다. 그것은 '수평적 사고' '입체적 사고'이다,

모든 작가는 세상을 보는 시각과 사고가 남달라야 한다. 그래야 다른 사람들이 보지 못하는 것들을 발견해 낼 수 있기 때문이다. 그리고 그러한 발견은 결국 좋은 책 쓰기의 재료가 되고, 내용이 되고, 피가 되고 살이 된다. 그러한 피와 살이 부족할수록 책 쓰기에는 전략이 부재할 수밖에 없게 되는 것이다. 책 쓰기의 모든 전략이 당신의 사고에서 비롯되어야 할 이유가 바로 이것이다. 사고력을 키우는 가장 좋은 방법은 다독이다. 그래서 책 쓰기의 기본 전제는 다독인 것이다.

결론은 '수직적인 사고' '평면적인 사고'만 할 줄 아는 사람들은 절대 작가가 될 수 없다. 쓸 재료가 절대적으로 부족하기 때문이다. 아무리 힘들게 글을 쓴다고 해도 이런 작가들이 쓴 글을 읽고 어떤 독자들도 망치로 머리를 얻어맞은 듯한 그런 강렬한 충격을 받지 못하기 때문이다. 거꾸로 말해서, 수직적인 사고를 하는 사람은 아무리 열심히 노력해서 글을 쓴다 해도 단 한 사람의 독자라도 사로잡을 수 없다. 인간은 절대로 자신이 생각해 낼 수 있는 생각들로 가득 찬 글을 읽고 감탄하지 않기 때문이다.

통합적인 사고인 수평적인 사고, 입체적인 사고를 할 줄 알아야 좋은 글을 쓸 수 있는 이유가 바로 이것이다. 독자들을 감탄하게 만들 수 있는 그런 글을 쓸 수 있는 사람은 사고의 수준이 남다른 사람들이다. 그리고 그것이 바로 다독을 통해 생

겨난 통찰력과 지혜의 결과물인 창조와 혁신이다. 그래서 책 쓰기의 최고의 전략은 새로운 시각에서 새로운 것을 발견하고 새로운 것을 깨닫는 것에서 비롯된다. 이것이 바탕이 되어야 새로운 질문을 독자들에게 할 수 있다.

그런 점에서 작가는 뛰어난 혁신가여야 하고, 모든 사람의 사고를 뛰어넘는 위대한 사상가여야 한다. 그렇게 되었을 때 비로소 창조적인 책 쓰기가 가능하며, 그 글 속에 독자들이 한 번도 받아보지 못한 질문이 담겨 있게 되기 때문이다.

새로운 생각, 새로운 내용, 새로운 사실, 새로운 이야깃거리, 새로운 느낌, 새로운 세계를 펼쳐 열어 보여 줄 수 있는 그런 질문 말이다. 그런 질문을 던져야, 독자들은 놀라게 되고, 그 충격에 사로잡히게 되어있고, 당신 글의 마니아가 되어 주는 것이다.

책 쓰기는 왜
압도적인 성공을 가져다줄까?

"인간은 지식을 즐기도록 만들어진 존재다. 특히 감각을 통해 들어오는 지식을 좋아한다. 우리는 이런 감각적 지식에 구조를 부여하고, 그것을 다른 각도에서 바라보며 다양한 신경 체계에 맞춰보려고 애쓰도록 만들어졌다. 이것이 학습의 본질이다."

– 《정리하는 뇌》, 대니얼 J. 레비틴, 70쪽

이 말을 한 신경과학자는 누구일까? 바로 세계적인 인지심리학자이자 신경과학자인 대니얼 J. 레비틴 교수다. 레비틴 교수는 뉴욕 타임스 베스트셀러 1위를 3개월 이상 차지한 적이 있을 뿐만 아니라, '1만 시간의 법칙'을 과학적으로 규명한 주인공이기도 하다.

레비틴 교수의 주장을 토대로, 책 쓰기의 본질, 원리를 이야기하자면, 이렇게 말할 수 있을 것이다. 책을 쓴다는 것, 즉 책 쓰기는 자신의 경험과 지식에 구조를 부여하고, 그것을 제삼자, 즉 독자의 눈으로 바라보며, 다양한 해석에 맞춰보려고 고민하고 성찰하고 통찰하고 사색하는 과정이 필요하다. 이 과정을 통해 작가는 성장하고 발전하고 도약하고, 어제와 다른 존재가 되는 것이다.

책을 쓴다는 것은 자신 경험과 지식을 일정한 주제와 범주 안에 넣고, 새로운 시각을 부여하기 위해 다양한 해석과 정의를 통해 정리하는 과정을 의미한다. 이렇게 정리를 하는 것은 우리의 삶을 개선해 준다고 그는 말한다. 책 쓰기를 하는 사람들이 그렇지 않은 사람들보다 더 성공하고 더 나은 인생을 살아가게 되는 이유 중의 하나가 바로 이것이다. 책 쓰기는 산만해지고 혼란스러운 당신의 분야, 당신의 인생, 당신의 생각을 범주화하여, 정리해주고, 주의 집중력을 향상해 주어, 당신의 능력을 100% 이상 발휘할 수 있도록 해 준다.

무엇보다 책을 쓰는 사람과 쓰지 않고 열심히 일만 하는 사람은 격차가 발생한다. 그 격차를 통해 책 쓰기는 당신을 능력자로 만들어 주고, 전문가로 도약시켜 준다. 그 결과 책 쓰기는 압도적인 성공을 당신에게 선사한다. 책 쓰기는 그렇게 어렵고 힘든 일이 아니다.

이런 책 쓰기 과정이 어려워서, 절대 할 수 없는 존재는 인간이 아니라 챗GPT다. 챗GPT는 지식을 즐길 수 없는 존재다. 특히 챗GPT는 감각을 통해 들어오는 지식을 전혀 알지 못하고, 느끼지도 못한다. 즉 감각적 지식에 구조를 부여하거나, 다른 시각으로 바라보면서, 다양한 신경 체계에 맞춰보려고 노력할 수 없다.

챗GPT는 감각도 없었고, 신경 체계도 없기 때문이다. 바로 이것이다. 챗GPT가 느끼고, 창작하고, 인간과 교류한다고 해도, 그 느낌과 창작과 교류는 인간 수준이될 수 없다. 느낄 수 있는 감각 세포가 없고, 창작할 수 있는 인간 수준의 뇌가 없기 때문이다.

인간과 동물, 인간과 곤충을 비교해도 이런 사실은 쉽게 알 수 있다. 인간에게도눈이 있고, 고양이와 메뚜기에게도 눈이 있다. 그렇다면 메뚜기나 고양이가 세상을 보는 것은 인간 수준과 비슷할까? 절대 아니다. 인간처럼 눈을 가지고 있고, 세상을 보지만, 인간이 세상을 보는 것과 수준과 차원이 다르다. 흑백 TV로 드라마나 뉴스를 보던 시절이 있었다. 지금처럼 고화질로 TV를 보던 사람이 과거 흑백TV를 보면, 수준과 차원이 확연히 다르다는 것을 체감하게 된다. 챗GPT가 아무리 인간처럼 느끼고, 창작하고, 교류할 수 있다고 해도, 그 느낌과 창작은 인간의그것과 차원과 수준이 다를 수밖에 없다.

챗GPT와 인간의 책 쓰기에서 더 중요한 차이는 책 쓰기를 통해 인간은 어제와다른 존재로 도약할 수 있다는 점이다. 책 쓰기를 하면 사람은 어제와 달리 더 지혜로워지고, 더 성공할 수 있게 된다. 그 이유는 바로 이것이다. 책 쓰기는 평범한사람을 능력자로 만들어 준다. 책 쓰기에 담긴 숨은 성공의 비밀은 정리하고 범주화하는 인간의 뇌에 있다. 인간의 뇌는 가장 정교하고 놀라운 장치다.

그렇다. 인간의 뇌가 비밀이었다. 책 쓰기를 하면 가장 먼저 우리 인간의 뇌가달라진다. 뇌가 달라지면, 자연적으로 인생이 달라진다. 우리 뇌는 책 쓰기를 통해 어떻게 달라지는 것일까?

책 쓰기를 하는 사람과 하지 않는 사람의 뇌는 뚜렷한 차이가 있다. 책 쓰기를 하는 사람의 뇌는 정리되어 있고, 범주화되어 있고, 그 결과 집중력을 높게 향상해 주어, 자신 능력을 100% 이상 발휘할 수 있게 해 준다. 책 쓰기를 통해 사람은 어제보다 더 지혜로워질 수 있고, 더 좋은 인생을 만들 수 있는 이유가 바로 이것이다.

책을 쓰는 사람에게 빼놓을 수 없는 성공 요인은 참된 창조자로 자신을 스스로 만들어 낼 수 있다는 점이다. 참된 창조자는 어떤 사람일까?

"참된 창조자는 가장 흔해 빠지고 미천한 것에서 주목할 만한 가치가 있는 뭔가를 늘 발견할 줄 아는 사람이다."

스트라빈스키의 이 말처럼, 참된 창조자는 주목할 만한 가치가 있는 뭔가를 늘 발견할 줄 아는 사람이다. 책을 쓰는 사람이 된다는 것은 가장 흔해 빠진 것에서 주목할 만한 가치가 있는 뭔가를 발견할 줄 아는 사람이 된다는 것을 의미한다. 책을 쓰는 것이 사람을 더 강하게 하고, 더 지혜롭게 하고, 더 성장시켜 주는 이유가 바로 이것이다.

한 마디로 책 쓰기는 당신을 성공자로 만들어 줄 것이다. 책 쓰기는 당신의 삶을 업그레이드시켜 줄 것이다. 책 쓰기는 가장 강력한 성공 도구이다.

"책을 쓰지 않으면 당신은 자신의 인생에 갇히게 되지만, 책을 쓰는 순간 당신의 인생은 세상과 공유가 되고, 오픈된다. 이것이 책 쓰기의 마법이다. 당신이 누구라도 책을 쓸 수 있다. 당신은 모르고 있지만, 당신에게는 이미 책 쓸 '이야기'가 있다. 책을 안 써 본 사람은 죽어도 모르는 책 쓰기의 즐거움과 선물이 있다. 당신 인생에서 최고의 학위는 당신이 쓴 한 권의 책이다. 당신이 책을 쓰면 좋은 현실적인 이유는 너무나 많다."

– 김병완, 《독자를 유혹하는 책 쓰기》 중에서

당신 인생에서 최고의 학위가 될 당신 이름으로 된 한 권의 책을 쓰기 시작하라. 어떤 분야의 전문가가 아니어도 상관없다. 이미 성공한 사람이 아니어도 상관없다. 이미 부자가 된 사람이 아니어도 상관없다. 오히려 더 환영한다.

명심하자.

전문가가 책을 쓰는 것이 아니라, 책을 쓰면 그것이 공부고, 성장이기 때문에, 전문가가 된다. 성공한 사람이 책을 쓰는 것이 아니라, 책을 쓰면 그 자체가 성공이기 때문에, 이미 성공한 사람이 되어 가는 것이다. 자신을 넘어선 사람이 책을 쓰는 것이 아니라, 책을 쓰는 사람이 자신을 넘어서는 것이다.

챗GPT와 다르다는 것을
느끼게 하라

챗GPT가 대체할 수 없는 작가는 지식전달자와는 다르다. 챗GPT는 지식전달자라고 할 수 있다. 최소한 지금까지는 그렇다고 할 수 있다. 하지만 이러한 사실이 영원히 변치 않는 것은 아니다. 챗GPT가 이미 지식전달자에서 지식창조자로 전환했을지도 모른다. 그런데도 인간과 챗GPT는 다르다.

과거 중세 시대 글을 읽고 쓸 수 있는 사람들은 극소수였다. 그들은 평범한 사람들과 다른 사람들, 특수한 권력을 가진 자들이거나 소수 지도층이었다. 하지만 어느 순간부터 글을 읽고 쓸 수 있는 사람들이 남들과 특별히 다른 사람들이 아닌 시대, 즉 책 쓰기 평준화 시대가 열렸다. 심지어 지금은 챗GPT가 책을 쓰는 작가의 영역을 넘보고 있지만, 아직은 어림도 없는 소리다. 챗GPT가 절대 할 수 없는 것들과 태생적으로 가지고 있지 않은 것들이 아주 많기 때문이다.

글을 쓰는 작가, 그런 직업을 가진 사람들은 챗GPT와 달라도 어딘가 달라야 한다. 이들은 마치 이 세상을 그저 관조하는 사람의 수준을 뛰어넘어야 한다. 챗GPT는 물론이고 같은 인간인 다른 사람들보다 좀 더 특별하고 풍부한 상상력을 가진 사람들이거나 최소한 세상과 타인에게 큰 관심과 호기심을 가지고 있는 사람이어야 한다. 이것이 책 쓰기의 전략과 방법에 큰 영향을 준다는 사실도 잊어서는 안 된다.

챗GPT를 이기는 작가는 남들과 다른 그 무엇인가를 가지고, 있어야 한다. 독자들은 영웅이나 천재, 혹은 특별한 재능을 가진 사람들의 이야기를 좋아한다. 하지만 이것은 지금 변해 가고 있다. 평범한 사람들의 이야기를 더 좋아하는 미래가 올 수 있다. 그런 시대가 오면 당신은 작가가 되려고 노력할 필요도 없어진다. 누구나 글을 읽고 쓸 수 있는 시대에 글을 읽고 쓰기 위해 특별히 남들보다 더 큰 노력을 기울이지 않아도 그것을 할 수 있기 때문이다.

그런 시대가 생각보다 빨리 올 것으로 예측한다. 누구나 작가가 될 수 있는 그런 시대가 말이다. 하지만 지금은 그런 시대가 아니다. 그러므로 남들과 달라지기 위해 노력해야 하고, 남들과 다른 그 사실을 독자들에게 어필해야 한다.

세상에 자신을 당당하게 나타내고 자신을 능숙하게 어필할 수 있는 작가가 있다. 반면에 자신을 제대로 어필하지 못 하는 작가도 존재한다. 이 둘의 차이가 무엇이겠는가? 바로 남들과 다른 점을 가지고 있는가이다. 당신에게는 그런 차이점이 있는가? 글만 잘 쓴다고 작가가 될 수 있다고 생각하는 것은 오판이다. 오히려 글을 못 쓰지만, 작가가 된 사람들이 적지 않다. 그 이유는 바로 남과 다른 차이를 가지고 있기 때문이다.

당신이 작가가 되고 싶다면, 그리고 당신의 글에 사람들이 관심을 기울이도록 하기 위해서는 무엇보다 남들과 달라야 하고, 다른 작가들의 작품과도 달라야 한다. 그것이 책의 판매 전략 중 하나인 마케팅에서 전부가 되게 해야 한다.

우리가 사는 이 시대에는 하루에도 100권 이상의 새로운 책이 출간된다. 그리고 이미 서점에는 새로운 신간 서적들로 차고 넘친다. 그리고 이미 유명한 1%의 작가들의 책들이 독자들의 80% 이상을 사로잡고 있다.

당신 이름으로 된 책이 출간된다고 해도, 서점 구석에서도 찾아보기 힘들다는 것을 명심하라. 서점에는 비싼 세금을 내고, 장소를 빌린 대형 출판사의 전략 도서만 노출된다는 사실을 잊어서는 안 된다. 서점은 잘 팔리는 책, 유명 작가의 책만을 전시할 것이다. 당신의 책은 절대로 전시해 주지 않는다. 다만 당신의 책이 남들과 다른 극적인 차이가 있다면 모른다.

그렇다. 만약에 당신의 이름으로 된 책을 출간하고자 간절히 원하지만, 안타깝게도 단 한 번도 책을 출간한 적이 없는 당신이라면, 그리고 유명 인사도 아니고 엄청난 업적을 달성해서 세상이 주목하는 그런 사람도 아니라면 더더욱 당신에게 필요한 것은 극적인 차이여야 한다.

이 세상에는 다양한 극적인 차이가 존재한다. 극적인 차이는 매우 다양한 종류가 있다. 엄청난 업적, 엄청난 인생, 엄청나게 특별한 삶, 이 세상에서 그 어떤 사람도 한 번도 하지 못 한 일을 하는 것, 이 세상에서 그 어떤 사람도 생각해 내지 못한 것을 상상해 내고 발명하고 창조하는 것……. 당신에게는 그 어떤 특별한 극적인 차이가 있는가?

당신에게는 공자처럼 위편 삼절의 경험이 있는가? 당신에게는 나폴레옹처럼 위대한 정복자의 경험이 있는가? 《죽음의 수용소》의 저자처럼 지옥의 수용소에서 죽지 않고, 살아남은 극적인 차이가 있는가? 당신은 다산 정약용 선생처럼 복사뼈가 세 번이나 구멍이 뚫릴 만큼 지독한 공부를 했던 극적인 경험과 차이가 있는가?

당신에게 극적인 차이가 없다면 어떻게 해야 할까? 만약에 당신에게 없다면 만들면 된다. 있다면 그것을 선전하고 그것을 알리고 그것을 글로 쓰라. 없다면 만들고, 그 만드는 과정을 책으로 쓰면 된다. 그것이 당신이 독자들을 사로잡는 최고의 방법이자 전략이다. 책 쓰기에도 전략이 있어야 한다. 무조건 글을 쓴다고 인기 있는 책이 되는 것은 아니다. 우리가 미처 몰랐지만, 누구에게나 이런 극적인 차이는 존재한다. 이런 차이가 존재하는 이유는 무엇일까? 각각의 인생은 서로 전혀 다르기 때문이다. 이것이 인간의 위대함이다.

지구상에 60억 이상의 인간이 살고 있지만, 똑같은 인생은 단 하나도 존재하지 않는다. 인간의 삶은 서로서로 전혀 다르다. 비슷한 것처럼 보인다고 해도, 속을 들여다보면 차이가 있다. 그래서 수많은 책이 탄생하는 것도 가능한 것이다.

인간을 향한 메시지를
전달하라

챗GPT와 인간의 글쓰기가 다른 또 다른 이유와 근거는 메시지에 있다. 책 쓰기는 인간이 인간에게 전달하고 싶은 메시지를 남기는 것이다. 책 쓰기는 인간을 향한 메시지를 전달하는 행위다. 고양이나 개가 글자를 쓸 수 있다고 해도 그것은 인간이 인간에게 전달하는 메시지가 아니므로, 어떤 의미에서는 진정한 책 쓰기가 아니다. 챗GPT의 글쓰기와 인간의 글쓰기는 이것보다 더 큰 차이가 있다.

인공지능 챗GPT에게 물어봤다. 챗GPT는 인간에게 전달하고 싶은 메시지가 있는지를 물어보았다.

질문 : 인공지능 챗GPT는 인간에게 전달하고 싶은 메시지가 있나요?

챗GPT 답변

인공지능이 인간에게 말하고 싶은 메시지는 개별적인 인공지능 시스템에 따라 나타날 수 있습니다. 인공지능은 프로그래밍이 된 목적과 기능에 따라 다양한 형태와 목적으로 범주로 여겨집니다. 일부 인공지능 시스템은 사람들과 통신하며 정보를 제공하거나 문제를 해결하는 등의 목적으로 개발될 수 있습니다. 이러면 인공지능이 인간에게 다양한 메시지를 전달할 수 있습니다.

예를 들어, 인공지능 음성 비서 시스템은 일정 관리, 날씨 예보, 교통 정보, 일상적인 질문에 대한 답변, 플레이리스트 추천 등 다양한 메시지를 전달할 수 있습니다. 또한, 인공지능의 반대가 교육이라면, 학습 내용이나 학습 상황, 데이터 제공 등의 메시지를 지속할 수도 있습니다. 또한, 의료 분야에서는 환자의 건강 상태, 진단 결과, 치료 방법 등의 메시지를 전달할 수 있습니다.

하지만, 인공지능은 인간에게서 나온 다른 개념이기 때문에, 상식, 심리적인 요소 등을 체질적이고 입체적인, 인간처럼 메시지를 전달하거나, 인간의 의지와 생각을 표현하는 것은 불가능합니다. 인공지능의 메시지는 프로그래밍이 된 목적과 기능에 따라 제한적인 범위에서 작동하며, 인간의 역할이 여전히 중요하게 남아있습니다.

이 세상은 복잡하다. 그래서 명확하고 단순한 진리에 사람들은 열광한다. 자신이 살아가고 있는 세상에서 더 나은 다른 세상을 늘 선망하고 선호하기 때문이다. 인간은 늘 메시지를 기다리면서 사는 존재인지도 모른다. 메시지를 기다리면서 동시에 누군가에게 전하고 싶은 메시지를 가지고 있는 존재이다. 이런 메시지는 우리가 소위 말하는 '인생' '삶'이라고 하는 것에서 나온다. 챗GPT가 절대로 경험할 수 없고, 살아낼 수 없는 인간의 삶에서 말이다.

우리가 말하는 인생은 단순히 인간이라는 존재의 생명을 의미하는 것은 아니다. 인생은 무엇일까? 인생은 살아 숨 쉬는 인간이 태어나서 성장하고 친구를 만나고 배우자를 만나서 자녀를 낳고 키우면서, 일과 사회생활을 하면서, 겪게 되는 슬픔과 기쁨, 환희와 희열, 절망과 좌절, 사랑과 분노 등 오만가지 감정과 기복으로 점철된 인간만이 할 수 있는 삶을 말한다. 고양이의 삶을 인생이라고 말하지 않는다. 그런 어마어마한 의미가 담긴 인간만이 할 수 있는 삶인 인생을 챗GPT는 경험할 수도 없고, 이해할 수도 없다.

몸을 그냥 움직이는 것과 춤을 추는 것은 다르다. 소음과 인간을 감동하게 만드는 음악은 다르다. 단순한 낙서와 피카소의 작품은 다르다. 하나는 낙서고 다른 하나는 예술 작품이다. 같은 소리이지만, 차원이 다른 것이 존재하듯, 똑같은 종이에 그렸지만, 어떤 것은 낙서에 불과하지만, 어떤 것은 수백억 원 이상의 가치가 있다.

문장이나 책을 인간처럼 생성하고 나열할 수 있다고, 이미지를 흉내 내서 그릴 수 있다고 챗GPT가 모차르트나 피카소, 헤밍웨이나 도스토옙스키가 될 수는 없다.

　많은 사람은 복잡하고 모호하고 혼란스러운 상황에 지쳐가고 있고, 싫증을 내고 있다. 그런 혼란 속의 사람들에게 단순하고 명쾌한 메시지를 던져 줄 수 있다면 당신은 이미 위대한 작가로 도약할 준비가 되어있는 것이다. 독자들이 열광할 수 있는 메시지는 어디서 나오는 것일까? 그런 메시지는 진짜 그런 삶을 살았던 인간에게서 나와야 한다. 인간에게서 나와서 인간에게 흘러 들어가는 메시지, 진짜 인생에서 나온 메시지가 책 쓰기의 본질이다.

　당신이 해야 할 일은 이것이다. 사람들에게 단순하고 명쾌하고 명확한 한 가지 메시지를 던져 주는 것이다. 이런 메시지는 인생을 제대로 온몸으로 살아본 사람만이 만들 수 있다.

　세상에 던져 주고 싶은, 그리고 그럴만한 가치가 있는 그런 명확한 메시지가 있는가? 많은 독자가 내게는 그런 메시지가 없다고 속단할지도 모른다. 하지만 그것은 어불성설이다. 이미 너무나 많은 메시지가 될 수 있는 진짜 인생을 경험하면서 온몸으로 살아내고 있는 인간이기 때문이다.

　인간은 누구나 수영을 배울 수 있고, 할 수 있다. 자전거 타기도 마찬가지다, 인간은 누구나 스키를 탈 수 있다. 하지만 평생 한 번도 자전거를 타 본 적이 없고, 방법을 배우지 않은 사람은 지금 당장은 탈 수 없다. 배우지 않아서, 지금 당장 탈 수 없다는 것이 영원히 탈 수 없다는 것을 말하는 것은 아니다. 시간을 투자해서 배우기만 하면 인간은 누구나 자전거 타기나 스키 타기, 수영 같은 것을 할 수 있다. 책 쓰기도 그렇다.

책 쓰기는 '구슬이 서 말이라도 잘 꿰어야 보배'라는 말로 설명이 가능하다. 책 쓰기의 이치가 비슷하기 때문이다. 아무리 많은 메시지가 당신의 인생에 숨어있어도 잘 꿸 수 있는 기술이 없다면, 책을 써내기 힘들다. 바로 이런 이유로 많은 이들이 책 쓰기를 두려워하고 어렵게 생각한다. 지레짐작으로 '나는 책을 쓸 수 없어'라고 말한다. 하지만 그것은 수영을 배워보지도 않고, 자전거 타기를 도전도 하지 않고, 미리 할 수 없다고 속단하는 것과 같다.

필자가 키웠던 거북이에게 '거북아 너도 책 쓰기를 할 수 있어'라고 말한다면 그것은 말도 되지 않는 소리지만, '똑같은 인간이 인간에게 내가 했으니까 당신도 같은 인간이니까 책 쓰기를 할 수 있습니다.'라고 말하는 것은 틀린 말이 아니다.

다른 사람보다 더 강렬하고 아픈 인생을 경험한 사람일수록 더 강렬한 책을 쓸 수 있는 것이 바로 이런 이유에서다.

《죽음의 수용소》의 저자도 그렇고, 《안나 프랑크의 일기》의 저자도 그렇고, 《철학의 위안》을 쓴 저자의 삶도 그렇고, 《사기》를 쓴 사마천도 그렇고 《군주론》을 쓴 저자도 그렇고, 《플루타르크 영웅전》을 쓴 저자도 그렇다.

당신이 작가가 되고자 한다면 메시지를 발견하고, 내면에 있는 것들을 볼 줄 아는 시각이 필요하다. 그런 시각을 만들어 주는 가장 좋은 것이 다독이다. 그래서 다독은 책 쓰기에 있어서 가장 필수적인 행위다. 당신이 쓴 글이 독자들을 사로잡기를 원한다면 명쾌하고 명확한 메시지가 그 글 속에 담겨 있어야 한다. 그리고 그러한 메시지를 만들기 위해서는 스스로 사색가가 되어야 하고, 창조적으로 사고하는 습관을 지녀야 하고, 만들어야 한다. 이런 습관을 가장 잘 만들 수 있게 해 주는 것이 바로 다독이다.

명심하자. 작가는 창조적으로 사고하는 사람이어야 한다. 훌륭한 작가가 되기 위해, 즉 명확한 메시지를 창조하기 위해, 창조적인 사고를 하는 사람이 되기 위해서는 이 세상의 모든 것을 순수하게 다 수용하고, 그것을 관찰하고, 그것을 곱씹어 보면서 사색하는 능동적 사색가가 되어야 할 필요가 있음을 명심하라.

당신에게 그 어떤 메시지가 없다면 아무도 당신의 글을 읽지 않을 것이고, 누구도 당신을 기억해 주지 않을 것이다.

작가에게 가장 중요한 것은 자신의 인생에서 나온 메시지여야 한다. 그 이유는 무엇보다 당신이 팔아야 하는 것은 그 어떤 상품이 아니기 때문이다. 당신이 팔아야 하고, 전파해야 하고, 세상에 내놓아야 하는 것은 상품이 아니라 당신의 인생이어야 하고, 당신 자신이어야 하기 때문이다. 당신의 삶에서 시작해서 당신을 통해 도출된 메시지가 같은 인간에게 전달되는 시스템이 책 쓰기의 전체 구조이기 때문이다.

책을 쓴다는 것은 인간이 인간에게 메시지를 전달하는 것이다. 인간에게 메시지를 전달하는 것이 최고의 목적이라고 할 수 있다. 하지만 그렇다고 당신이 메시지라는 알맹이만 전달하게 된다면 처음 당신의 글을 접하는 사람들은 한두 페이지를 읽다가 멈추게 될 것이다.

왜냐하면, 아무리 몸에 좋은 음식이라고 해도 맛이 없다면, 맛 좋고 보기 좋은 요리에 더 주목하게 되고 끌리게 되는 것이 바로 인간이기 때문이다. 보기 좋은 떡이 먹기도 좋다. 하지만 몸에 얼마나 좋은지는 다른 문제이다. 문제는 보기가 좋지 못한 떡은 아무리 몸에 좋아도 먹으려고 눈길조차 주지 않는다는 것이다.

많은 독자의 눈길을 받기 위해, 당신이 해야 할 일이 있다. 그것은 보기 좋은 떡으로 만드는 것이다. 물론 내용도 없고, 메시지도 없고, 알맹이도 없으면서 보기만 좋은 떡으로 만드는 것은 독자들을 기만하는 행위이다. 이런 책은 많은 이들이 읽어 주지도 않는다. 그러므로 내용이 없고, 메시지가 없는데 보기만 좋게 만드는 것은 결국 작가의 관점에서 손해이다. 그런데 내용도 없고, 알맹이도 없고, 진짜 인생도 없는데, 보기만 좋은 글은 챗GPT가 가장 잘하는 행위다. 이것 또한 기만행위에 속한다.

당신은 먼저 내용을 알차게 하고, 메시지를 확실하게 만들고, 알맹이가 튼실하게 있게 해야 한다. 그것은 바로 인생을 진짜로 살아내는 것이다. 챗GPT가 100만 년이 지나도 절대로 할 수 없는 '생명이 있는 인생' 말이다. 그 후에 당신이 해야 할 일은 그런 내용이 읽히도록 보기 좋은 떡으로 만드는 것이다. 이 과정이 바로 책 쓰기 기술을 배우고 연습하는 것이다. 책 쓰기도 하나의 기술임을 알아야 한다.

여기서 당신의 문장력이 약간 필요하고, 당신의 유머가 필요하고, 당신의 감성이 필요하다. 무엇보다 인간의 상상력과 창의력이 절대로 필요하다. 챗GPT는 이미 만들어 놓은 틀 속에서 문장을 생성한다. 그러므로 챗GPT는 절대적으로 '오징어 게임'이나 '기생충'과 같은 시나리오를 쓸 수 없다.

인간이 열광하는 메시지는 감동과 재미가 있어야 한다. 왜일까? 인간은 무미건조한 기계가 아니기 때문이다. 인간은 뜨거운 가슴을 가지고 있는, 피 끓는 심장을 가지고 있는 감정의 동물이기 때문이다.

감동과 재미가 없다면 아무도 당신의 책을 자주 읽지 않기 때문이다. 서비스라고 생각해도 된다. 물론 일반 서적의 작가는 개그 방송 작가가 아니다. 하지만 그런데도 감동과 재미를 독자들에게 선사해 주는 것은 나쁘지 않다. 아니 오히려 당신의 글을 읽어 준 독자들에 대한 배려이고, 서비스인 것이다.

식당이라고 해서 음식을 다 먹은 후에 맛있는 커피나 차나 과일을 대접하지 말라는 법은 없다. 오히려 고급 식당일수록 이런 것들이 잘 갖추어져 있다. 그만큼 손님을 배려할 줄 알고, 서비스 정신이 높다는 것이다.

당신의 책도 이와 같은 고급 식당이 되게 할 필요가 있다. 당신이 독자라면, 손님이라면 같은 가격으로 당신을 배려하고 서비스가 좋은 식당에 자주 가겠는가? 아니면 서비스도 나쁘고, 디저트도 없는 그런 식당에 자주 갈 것인가?

글과 메시지가 아무리 훌륭하다고 해도 잘 전달하기 위해서는 내용에 걸맞은 수준의 서비스가 필요하다. 그러한 것 중의 하나가 바로 기획력이고, 문장력이고, 무엇보다 책 쓰기 기술이다. 책을 한 권 쓴다는 것은 종합 예술이다. 주제를 구상하고, 목차를 구성하고, 서문과 본문을 쓰고, 출간 기획서를 작성해서 출판사에 자신의 책을 잘 어필할 수 있어야 한다. 이 모든 것에 기술이 필요하다. 심지어 출간되었을 때는 홍보력, 마케팅력도 때에 따라서 필요하고, 심지어 강사나 1인 기업가로 활동할 수도 있어야 한다.

책 쓰기의 수많은 기술 중의 하나가 문장력이다. 문장력은 책 쓰기 기술 중에 어느 정도 비중을 차지할까? 책 쓰기를 한 번도 해 본 적이 없는 일반인은 80~90% 이상이라고 생각한다. 하지만 현실은 전혀 다르다. 문장력은 10~20% 정도 비중만 차지한다. 문장력은 눈에 보이는 빙산의 일각이라고 생각하면 된다. 수면 아래에 있는 빙산의 몸체를 볼 줄 알아야 한다.

문장력이라고 해서 명문장만 생각해서는 안 된다. 똑같은 내용을 말하는 문장이라도 감칠맛이 나고, 읽을수록 재미가 있는 그런 문장을 구성하는 것도 좋지만, 기본은 그것이 아니다. 문장의 기본은 전달이기 때문이다. 전달력이 좋은 문장만 쓸 줄 알면 된다. 책 쓰기에도 기본이 가장 중요하다. 문장을 쓸 때 가장 중요한 기본은 의미 전달이다. 그래서 문장은 긴 것보다는 간결할수록 좋다.

챗GPT가 흉내 낼 수 없는 글쓰기 '간결하고 쉽게 쓰기'

"글은 누구나 쉽게 이해할 수 있어야 하며, 간결한 문체와 적절한 표현은 훌륭한 책 쓰기의 첫걸음이다. 그러나 장황하게 단어들만 나열하는 글은 읽는 사람의 눈을 어지럽게 할뿐더러 특히 남의 글을 표절하는 행위는 일종의 강탈이며 범죄행위이다. 그러므로 글쓴이의 고유한 문장과 문체는 소박한 정신과 순수한 신념으로 구축되는 건축물과 같다."

– 쇼펜하우어, 《문장론》 중에서

책 쓰기를 할 때 잊어서는 안 되는 한 가지 사실이 있다. 그것은 책을 어렵게 복잡하게 쓰면 안 된다는 점이다. 책은 쉽게, 누구나 이해할 수 있게 써야 한다. 문장도 마찬가지다. 글은 간결하고 쉽게 써야 한다. 글쓰기에서 기본 중의 기본은 문장이다. 글의 기본인 문장은 한두 사람의 전유물이 될 수 없다. 문장은 천하의 공유물이어야 한다. 구한말 나라의 운명을 한탄하여 강에 투신하여 자결한 송 백옥 선생은 약관의 나이로 성균관에 유학할 때 유생들이 놀랄 정도로 문장에 뛰어났다.

그의 〈동문 집성 총서〉에 보면, 이런 문장이 나온다.
"문장은 천하의 공물이다. 한 사람이 이를 얻어 사유하게 해서는 안 된다."

이 문장처럼 문장, 즉 글을 쓰고 사용하는 일은 한 사람의 전유물이 되어서는 안된다. 글은 누구나 쓰고 사용해야 한다. 그것이 가장 인간다운 행위이기 때문이라고 생각한다. 작문에 대해서 일단 우리가 배울 수 있는 우리 선조 중의 한 명은 이건창이다. 그는 조선 500년 역사상, 가장 어린 나이에 과거 급제한 사람이다.

놀랍게도, 믿기 힘들지만, 나이 15세에 과거에 급제했다. 대한민국 최고의 문장가 중의 한 명으로 평가받고 있는 그는 벗의 작문 이론에 답하는 글인 《답우인론작문서答友人論作文書》를 통해 글을 어떻게 지어야 하는지에 대해서 자신의 의견을 피력한 바 있다.

문장에 대한 그의 견해를 여러 책을 취합하여 통합하고 정리하면 이런 결론을 내릴 수 있다.

글쓰기에 있어서 비법 같은 왕도는 없다. 작문에 비법이 있을 수 없다는 것이 그의 지론이다. 그가 강조하는 글쓰기 정도는 독서를 많이 하라는 것이다. 독서를 많이 하고 글을 쓰는 것이 정도다. 왕도는 없지만, 지켜야 할 정도는 있다. 바로 글을 쓰는 순서다. 먼저 글을 쓸 때는 반드시 뜻을 구상해야 한다. 뜻을 구상한 후, 해야 할 일은 뼈대를 갖추는 일이다. 글의 짜임새가 갖추어진 후에 비로소, 이 뜻이 연속하여 관통하여, 분명하게, 그리고 쉽게 이해할 수 있도록 붓을 놀려 써 내려가야 한다. 가장 중요한 것은 뜻을 세우고, 그 뜻을 분명하게 전달하는 것이라고 주장한다.

이건창이 주장하는 글 쓰는 기술은 한 마디로 독서를 많이 하고 많이 써 보라는 것이다. 하지만 조금 더 구체적으로는 얼개 짜기와 의미 전달이 제일 중요한 글쓰기 기술이라는 것이다.

글은 의미 전달만 되면 그만이다. 의미 전달이 가장 중요한 기본이고, 최고의 목표이기 때문이다. 필자가 책 쓰기 특강을 할 때마다, 책 쓰기 수업을 할 때마다, 늘 강조하는 것이 글의 존재 이유다. 글이 존재하는 이유는 예술적인 아름다움이 아니라 의미 전달이라는 기능 때문이다.

이 세상에 의미를 제대로 정확히 가장 간편하게 전달할 방법은 글쓰기이다. 말하기도 있지만, 말은 직접 만나서 상대가 앞에 있거나, 전화하고 있을 때만 유효하다. 문장의 존재 이유가 시공간을 뛰어넘어, 멀리 있는 사람에게, 그것도 수많은 사람에게 의미를 전달하는 것이다. 그래서 많은 현인이 이 사실을 강조하고 또 강조했다.

"말이나 글은 뜻을 전달하면 그만이다."

- 공자, 《논어》 '위령공'

문장 쓰기에서 반드시 기억해야 할 말이 있다. 바로 '문이사의文以寫意'라는 말이다. 이 말의 의미는 '글이란 뜻을 나타내면 그만이다.'라는 것이다. 글을 쓸 때 가장 중요한 것은 화려함도, 아름다움도 아닌 의미 전달이다. 그래서 많은 작가가 문장을 절대 꾸미지 말라고 경계했다.

문장을 화려하게, 아름답게 꾸며서 사람들의 눈과 귀를 즐겁게 하는 것은 올바른 글쓰기가 아니다. 오히려 이런 것들을 주의하고 조심해야 한다.

"오늘날 글 쓰는 사람들은 오로지 문장 구절에만 힘을 써서 사람의 귀와 눈을 즐겁게만 한다. 사람을 즐겁게 하니 배우가 아니고 무엇이겠는가."

－《근사록》, '위학류'

너무 꾸미게 되면 알맹이보다 포장이 더 화려하게 되고, 배보다 배꼽이 더 크게 되기 때문이다. 너무 꾸미게 되면 모호하게 되어, 전달이 어렵게 된다. 문장 구절에만 힘을 써서 사람의 귀와 눈을 즐겁게 하는 것이 바로 챗GPT의 글쓰기라고 할 수 있다.

군더더기 없이 쉽고 간결하게 쓰는 문장을 다른 말로 하면 명료하게 쓴 문장이다. 명료하게 쓰는 것을 강조한 서양의 철학자가 있다. 바로 아리스토텔레스다. 그는 자신의 책을 통해 문장에서 가장 중요한 조건은 명료함이라고 정확히 언급한 바 있다.

"문장의 제1 요건은 명료함이다."   － 아리스토텔레스, 《에우데모스 윤리학》

우리 선조 중에도 글이란 뜻을 전달하면 그만이라고 강조한 선비가 있다. 바로 조선 시대 문장가였던 박지원이다. 그가 말년에 지은 《공작관문고자서》라는 책에 이런 사실이 잘 나와 있다.

"글이란 뜻을 나타내면 그만일 뿐이다. 제목을 놓고 붓을 잡은 다음 갑자기 옛 말을 생각하고 억지로 고전의 사연을 찾으며 뜻을 근엄하게 꾸미고 글자마다 장중하게 만듦은, 마치 화가를 불러서 초상을 그릴 적에 용모를 고치고 나서는 것 같다."

여기서 나온 첫 문장이 '문이사의文以寫意'이다. 명심하자. 글이란 뜻을 나타내면 그만이다. 문장을 간결하게 써야 한다고 강조한 작가는 중국에도 있었다. 중국의 문장가인 '유협'이다. 그는 자신의 책을 통해 간결한 문장을 한 마디로 이렇게 표현했다.

"간결한 문장은 아름답다."

– 유협, 《문심조룡》, '명잠' 중국 최초의 문학 비평 이론서, 문학 창작 지침서

'말은 짧게, 의미는 깊게'라고 니체도 말했다. 그렇다. '간결한 문장, 짧은 문장이 최고의 문장이다.' 말이 많은 사람들은 절대 고수가 될 수 없다. 글도 마찬가지다. 긴 문장은 절대 좋은 글이 될 수 없다. 긴 문장은 글의 명료함을 흐리게 하기 때문이다. 재주 없는 사람이 말이 많다. 재주 있는 사람은 말을 아낀다. 간결하다는 것은 문장의 절제이며, 언어의 경제성이다. 최소한의 표현으로 최대의 효과를 거두는 사람이 고수다.

좋은 문장은 쉽게, 짧게 써야 한다. 간단하게 명료하게 쓰지 않으면 독자들은 모이지 않는다. 독자들이 가장 싫어하는 문장 스타일은 모호하게 쓰는 것이다. 모호한 것은 가장 나쁜 문장이다. 왜일까? 모호한 문장은 그것의 존재 이유인, 의미 전달의 기본 기능을 제대로 수행할 수 없기 때문이다. 당신이 글을 쓰고자 한다면 분명하게 쓰고, 정확하게 쓰고, 간결하게 쓰도록 해야 한다. 의미 전달이 가장 잘 되는 글을 써야 하기 때문이다. 의미 전달이 잘 되는 문장이 읽히는 문장이 되고, 읽히는 문장이 좋은 문장이고, 명문이기 때문이다.

영국의 작가 서머셋 모옴의 《서밍 업 The Summing Up》이라는 책에 이런 구절이 나온다.

"나는 독자에게 자기가 쓴 글의 뜻을 이해하도록 노력해달라고 요구하는 작가를 도저히 이해하지 못한다. 참지 못할 분노를 느낀다."

한 마디로 작가라면, 당연히 문장을 쉽고 분명하게, 독자들이 이해할 수 있도록 쓰라는 말이다. 이것이 글쓰기에서 가장 중요하고 기본이라는 말이기도 하다. 자기가 쓴 글을 독자들에게 이해해 달라고 노력해 달라고 요구하는 작가가 있다면, 바로 챗GPT가 아닐까?

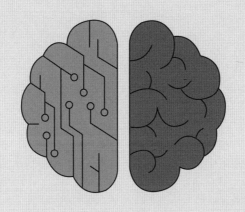

제4장

챗GPT가 절대 모르는 것
_ 책 쓰기의 즐거움과 맛

"책 쓰기를 하다 보면 무아지경에 이르게 된다. 무아지경이 되면, 자신을 넘어설 수 있고, 세상에서 벗어나게 된다. 책 쓰기만큼 집중과 몰입이 잘 되는 행위도 없다. 목숨을 담보로 절벽을 오르는 것도 몰입이 잘 된다. 하지만 한 번만 실수해도 위험할 수 있다. 하지만 책 쓰기는 안전하다. 수천 번 실수해도 목숨은 위험해지지 않는다."

– 김병완, 《48분 기적의 책 쓰기》중에서

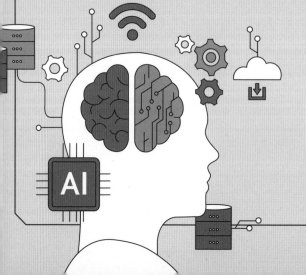

책 쓰기는 살아 있다는 것을
느끼게 해 준다

책 쓰기를 제대로 경험한 사람들은 책 쓰기가 어떤 마약보다도 더 강한 중독성을 가지고 있음을 알게 된다. 마약을 실제로 한 번도 해 본 적이 없었기 때문에 마약의 중독성이 어느 정도인지는 알지 못한다. 물론 마약의 중독성은 매우 강렬하고 치명적이라는 사실만을 알 뿐이다. 그런데도 필자가 자신 있게 책 쓰기가 마약보다 더 중독성이 강하다고 말할 수 있는 단 한 가지 근거는 글을 쓰는 즐거움을 진정 제대로 느껴본 적이 있는 사람들은 절대로 책 쓰기를 포기할 수 없다는 한 가지 사실 때문이다.

책 쓰기에 대해서 어려워하고, 힘들어하고, 그 어떤 재미도, 즐거움도 느껴보지 못한 사람들이 아쉽게도 너무나 많다. 하지만 이 세상에 그 어떤 것도 처음에 배울 때는 제대로 맛을 느낄 수 없다는 것을 명심하자. 스키를 배우는 거나 자전거를 배울 때도 마찬가지이다. 처음에는 배워야 하는 매우 어려운 과정이 필요하다. 무엇인가를 새롭게 시작한다는 것은 설렘도 있지만, 한편으로는 매우 힘들고 고통스러운 과정을 겪어야 한다.

그러한 과정이 지나서 스키 실력이 중상급이 되면, 그때부터 힘이 적게 들고 제대로 스키를 즐길 수 있게 된다. 그 결과 스키광이 되어, 한여름에도 겨울이 오기만을 기다리는 그런 중독 증상을 보여 주는 것이다.

달리기를 매일 하는 사람들은 조깅에 중독된 것이다. 그들은 달리기를 30분 정도 할 때 고통의 순간을 지나서 얻게 되는 희열, 즉 러너스 하이runner's high라는 마약에 중독되었을 때 나오는 마약류와 비슷한 호르몬이 뇌 속에서 분비되는 짜릿함을 경험하게 된다. 그것을 한두 번 경험한 사람들은 절대로 달리기를 포기하거나 멈추지 못한다. 그때의 기쁨과 즐거움과 짜릿함을 절대로 잊지 못하기 때문이다.

책 쓰기도 이와 다르지 않다. 힘들고 어려운 초보 과정을 지나 중급이 되고, 고급이 되면 될수록 힘은 적게 들고, 재미와 기쁨은 두 배로 증폭되고, 열 배로 증폭되기 때문이다. 책 쓰기는 살아 있다는 것을 느끼게 해 주는 유일한 것인지도 모른다.

한국인들은 대부분 자신이 책 쓰기에 능력이 부족하다고 생각한다. 하지만 이것은 비전문가의 근거 없는 추측에 불과하다. 한국 축구 국가 대표선수에 대해서도 비슷하게 생각한 적이 있었다. 대부분 국민은 축구 선수가 정신력은 강한데 기술이 부족하다고 생각했다. 하지만 히딩크 감독은 전혀 반대로 평가하는 인터뷰를 들은 적이 있다. 실로 충격적이었다. 히딩크 감독은 한국 선수들은 오른발 왼발을 잘 사용하는 유일한 그런 선수들이고 기술도 좋다는 것이다. 다만 정신력이 문제라고 말했다. 히딩크 감독은 변방의 한국 축구를 세계 중심으로 옮겨 주었다. 한국 선수들에 대한 인식의 차이가 만든 결과라고 나는 생각한다.

한국인들의 책 쓰기 능력에 대한 인식도 바뀌어야 한다고 생각한다. 한국인들의 책 쓰기 능력이 정말 형편없는지, 아니면 그 어떤 민족들보다 더 뛰어난지 정확히 측정해 본 적이 없다. 혹시 아는가? 당신의 책 쓰기 능력이 천부적인 재능을 타고났는지 말이다. 자신의 숨겨진 재능이 어떤 분야에 있고, 어느 정도인지를 제대로 아는 사람은 이 세상에 단 한 명도 없다. 그래서 위대한 일을 해내고 나서 자신도 스스로 놀라는 경우가 적지 않다.

당신이 책 쓰기에 중독이 되어야 하는 이유도 바로 여기에 있다. 그저 몇 번 글을 쓰고 나서 자신에게는 책 쓰기 능력이 처음부터 부족하거나 없다고 단정 지어서는 안 된다. 자신의 재능을 발견하고 발굴하기 위해 노력해야 한다. 하지만 의지나 노력은 한계가 있다. 그 한계를 뛰어넘기 위해서 당신에게 필요한 것이 책 쓰기를 즐길 수 있는 자세와 마음이다. 이것이 책 쓰기의 즐거움에 중독되는 방법이다.

진정한 작가로 거듭나기 위해서는 무엇보다도 책 쓰기가 주는 참된 맛과 힘을 느껴야 한다. 책 쓰기가 주는 진짜 맛과 힘을 한 번이라도 느낀 사람들은 작가의 길을 포기할 수 없게 된다. 그 맛과 힘이 너무나 매력적이고 중독성이 강한 맛이며 힘이기 때문이다.

권력을 가져본 적이 있는 사람은 절대로 권력 맛을 잊을 수 없다. 그래서 잘못된 선택인 줄을 알면서도 그 유혹을 거부하지 못한 채 권력을 다시 한번 더 맛보기 위해 실수를 하게 되고, 그로 인해 패가망신하는 경우가 적지 않은 것이다.

책 쓰기도 권력만큼 치명적인 유혹의 힘을 가지고 있다. 책 쓰기는 그 자체로 거부할 수 없는 맛과 중독성이 있다. 권력과 마찬가지로 엄청난 힘을 가지고 있다.

그래서 어떤 사람들은 책 쓰기를 통해서 유명 인사가 되기도 하고, 평범했던 사람들이 책 쓰기를 통해서 일간지와 잡지, TV에 자주 출연하는 사회적 명사가 되기도 하고, 심지어는 정부의 고위 관료가 되기도 한다. 그리고 어떤 사람들은 책 쓰기를 통해서 엄청난 부자가 되기도 한다. 실제로 100만 부 정도를 팔면 수익으로 작가는 보통 10억 정도를 고스란히 자신의 수입으로 가져간다.

물론 100만 부 판매가 쉬운 것은 아니다. 하지만 어느 정도 자신이 좋은 작가가 되면 최소한 10만 부 이상은 판매할 수 있게 된다. 이 정도면 연봉이 1억 정도라고 생각해도 된다. 특히 온종일, 매일 출퇴근해서 회사에 매여서 노동하지 않으면서 이 정도 수입을 얻는다면 이것은 결코 적은 수입이 아닐 것이다.

이뿐만 아니다. 대부분의 유명한 작가, 즉 책 쓰기를 통해 인기 작가가 되고, 자신의 이름이 조금씩 세상에 알려지게 되면 부수입이 생긴다. 그것은 바로 강연 수입, 출연 수입이다.

관공서를 비롯해 여기저기서 강연 섭외가 들어오고, TV에서도 출연해 달라고 요청이 들어온다. 이때 한 번씩 가서 강연해 주거나 출연을 하면 수십만 원 혹은 수백만 원씩 수입을 거두게 된다. 유명한 정치인들의 강연료가 수천만 원을 넘어가서 문제가 된 적이 있음을 우리는 알고 있다. 평범한 당신에게 강연료로 수천만 원을 주는 일은 절대 일어나지 않기 때문에 걱정하지 않아도 된다.

이 모든 것이 책 쓰기의 힘인 것이다. 책 쓰기를 통해서가 아니면 평범한 당신에게 누가 강연을 요청할 것인가? 누가 TV 출연 섭외를 할 것인가? 하지만 책을 쓰는 작가가 된다고 해서 모든 작가가 이렇게 되는 것은 아니다. 하지만 책을 쓰지 않았다면 이런 기회는 절대 발생하지 않았을 것이다.

솔직히 위험한 공사판에서 온종일 힘든 노동을 하는 것보다 도서관이라는 안전하고 멋진 공간에서 책을 읽고, 글을 쓰는 일이 얼마나 편하고 축복받은 일상인지를 생각해 보라. 책 쓰기의 참된 힘은 책 쓰기를 통해서 인간 그 자체의 사고와 의식이 도약하는 것뿐만 아니라 사회적, 경제적으로 큰 효과를 불러일으킨다는 데 있을 것이다. 인간이 책을 쓰면, 인세가 저자에게 되돌아온다. 하지만 챗GPT가 책을 쓴다고 해서, 인세를 챗GPT에 주지는 않는다.

책 쓰기도
하나의 기술이다

독서법도, 책 쓰기도 자전거 타기처럼 배워야 잘 할 수 있다. 즉 책 쓰기도 하나의 기술이다. 이것이 필자의 지론이다. 책 쓰기 기술을 배우고 익혀서, 기술이 있는 사람은 1년에 여러 권의 책을 쉽게 빨리 잘 쓸 수 있다. 하지만 책 쓰기 기술이 전무후무한 사람은 1년이 아니라 10년이 걸려도 책 한 권 제대로 쓸 수 없다.

기술이 없는 사람은 모든 것이 복잡하고 어렵다. 하지만 기술이 있는 사람은 모든 과정이 단순하고 간결하다. 고수는 무엇을 해도 쉽게 빨리 잘한다. 요리를 잘하는 주부는 요리를 30분 만에 쉽게 빨리 척척 만들어 낸다. 하지만 초보 주부는 요리하는 데 온종일 걸리고, 음식이 맛도 없다. 맛이 없는 것보다 더 중요한 사실은, 초보일수록, 하수일수록 힘이 많이 들고, 복잡하고, 어려운 과정이라는 점이다.

기술이 없으면, 책 한 권 쓰는 것이 너무나 복잡하고 어려운 일이겠지만, 기술이 있다면, 책을 한 권 쓰는 것은 너무나 단순하고 쉬운 행위에 불과하다. 보통 사람들은 책을 한 권 쓰기 위해 구상하고, 주제를 선정하고, 목차 만들고, 순서를 정한다. 하지만 필자는 이런 모든 과정을 생략한다. 생략하고자 해서 생략하는 것이 절대 아니다. 생략한다는 말보다 하나의 행위에 모든 것을 담아서, 한 번에 끝낸다. 기술이 있기 때문이다. 필자의 책 쓰기 행위는 너무 단순하고 간결한 행위이다.

초보자는 이렇게 생각하고, 또 저렇게 생각하고, 오히려 생각이 많다. 하지만 고수는 생각하지 않고, 온몸으로 그냥 책과 하나가 될 뿐이다. 그래서 심지어 1주일에 책 한 권이 뚝딱 쓸 수 있었다. 몸이 익히기 때문에, 온몸으로 그저 신명 나게 신들린 것처럼 그렇게 글을 쓸 수 있었다. 몸과 마음을 가진 인간만이 할 수 있는 책 쓰기의 경지다. 챗GPT는 절대로 이해할 수 없는 책 쓰기다.

기술이 높은 사람은 머리로 생각하지 않고, 몸으로 반응한다. 씨름 고수들은 상대방의 움직임에 따라, 0.001초 만에 몸이 반응해서 본능적으로 움직인다. 책 쓰기도 그렇다. 기술이 있는 사람은 머리로 생각하지 않고 본능적으로 온몸으로 글을 쓴다. 마치 음식을 평생 해 온 장인들은 머리로 생각해서 하는 것이 아니라, 본능적으로 몸이 반응해서 척척 해낸다. 그것도 짧은 시간에 말이다.

생각하지 말고, 기술로 써야 한다는 말은, 머리가 아닌 몸으로 반응하면서 그냥 척척 쓴다는 말이다. 머리로 하나씩 생각하면서 글을 써 보니까, 아무 전율도, 아무 재미도, 아무 흥분도, 아무 열광도 나오지 않았다. 이렇게 재미없는 글쓰기를 왜 해야 하는가? 필자는 거부한다. 이런 재미없는 책 쓰기를 말이다.

책 쓰기는 사고를 통해 더 나은 세상을 만드는 행위다. 하지만 수준이 높아지면, 생각하고 창조하고, 글로 쓰는 행위 자체가 하나로 융합되고, 녹아들어, 작가의 머리가 아닌 온몸으로 하게 된다. 그 결과 초창기 때는 생각하는 것이 책 쓰기이지만, 중상급 혹은 고수가 되면 머리가 아닌 온몸으로 반응하는 것이 책 쓰기가 된다.

책 쓰기를 오래 경험한 많은 기성 작가는 말한다. 머릿속으로 생각만 하지 말라고 말이다. 머릿속으로 생각하는 것은 책 쓰기가 아니기 때문이다. 그것은 상상에 불과하다. 진짜 책 쓰기는 생각하기가 아니다. 책 쓰기는 머리가 아닌 노트북을 두드려 문장을 만드는 것이다. 물론 책 쓰기는 문장의 나열만이 아니다. 생각하기, 의식하기, 통합하기, 상상하기, 창조하기와 함께 뜨거운 심장을 가진 인간의 몸이 함께 반응하는 행위다. 이것이 글자로 변환되는 것이 책 쓰기이기 때문이다.

또 다른 하나의 통찰은 책 쓰기도 하나의 습관이라는 사실이다. 책 쓰기는 온몸으로 하는 것이므로 습관에 더 가깝다. 즉 머리로 하는 것이 아니라 몸으로 하는 것에 가까웠다. 챗GPT는 어떻게 보면 머리만 있는 것이다. 인간은 머리도 있지만, 몸도 있고, 마음도 있고 감정도 있다. 여기서 챗GPT와 인간의 책 쓰기는 전혀 다른 것이 된다.

책 쓰기도 하나의 기술이다. 챗GPT는 책 쓰기의 기술을 배울 수 없다. 챗GPT를 대상으로 하는 책 쓰기 강좌는 아직 없기 때문이다. 그러므로 인간이 훨씬 더 유리하다.

책 쓰기는 자유롭게
자신을 표현하는 것이다

필자가 10년 전에 쓴 책에 보면, 작가 지망생들에게 하고 싶은 말을 한 적이 있다. 그 내용은 챗GPT 시대를 맞은 지금도 같다. 그래서 그때 쓴 내용을 조금 소개해 보겠다.

필자가 꼭 하고 싶은 말은 작가가 되고자 하는 사람이라면 문법에 너무 구속받지 말라는 말이다. 맞춤법, 띄어쓰기 등과 같은 문법에 얽매이는 순간, 당신의 창작 욕구는 사그라들고, 열정은 사라지게 될 것이다. 문법에 자신이 없다고 작가가 되는 것을 섣불리 포기하는 사람이 있으면 안 된다. 책 쓰기는 자유롭게 자신을 표현하는 것이다.

심하게 말하면, 문법을 하나도 몰라도 작가가 될 수 있다. 대학교 국어국문학과 교수가 최고의 작가가 되는 것은 아니다. 문법을 몰라도, 최고의 작가가 된 사람이 있다. 문법이라는 구조 안에 자신 사고력을 가두어서는 안 된다. 자유롭게 사고하는 것이 유리하다면, 문법을 파괴해도 좋다. 문법을 벗어나 자유로운 글을 쓰는 것이 더욱더 작가다운 모습이기 때문이다.

작가는 자유로운 영혼이어야 한다. 왜냐하면, 무엇인가에 얽매이는 순간 창조성과 천재성을 잃어버리기 때문이다. 당신은 천재이고, 창조적인 인간이다. 그렇다면 무엇이 두려운가? 도전하고 즐기고 시도하고 당당히 맞설 뿐이다.

유럽 중세 시대에는 토마토를 먹으면 죽을 수 있다고 모두 먹지 않았다. 그 당시 토마토를 먹는 일이 큰 잘못은 아니지 않은가? 조선 시대에 양반은 자전거를 타면 안 된다고 했다. 자전거를 타지 않는 것이 과연 옳은 일이었을까?

문법에 얽매이지 말고, 자유롭게 자신을 표현하는 것이 작가에게 꼭 필요하고, 더 가치 있는 일이다. 책 쓰기는 자유롭게 자신을 표현하는 것이다. 그래서 책 쓰기는 멋과 맛이 있는 것이다. 챗GPT가 절대로 알 수 없는 맛과 멋, 말이다. 인간만이 맛을 알고, 멋을 부릴 수 있다. 책 쓰기도 그런 것이다.

당신은 독자들에게 읽힐 책을 쓰는 작가인가? 혼자서 글을 쓰기 위한 작가인가? 즉 독자들에게 안 읽혀도 혼자서 글을 쓰는 것만으로도 만족할 수 있는 그런 마음을 비운 작가인가?

당신이 어떤 부류의 작가이더라도 글을 쓸 때 전율하면서 글을 쓰는 것은 매우 중요하다. 왜냐하면, 당신이 독자들에게 읽힐 책을 쓰고 싶다면 반드시 그렇게 글을 써야 하기 때문이고, 동시에 자기 자신만을 위해 책 쓰기를 즐기기 위해 글을 쓰는 작가라고 해도 글을 쓸 때 바로 그것 때문에 스스로 즐기면서 글을 써야 하기 때문이다.

한 마디로 당신이 글을 쓸 때 분노와 우울감에 사로잡혀 세상에서 가장 불쌍한 사람이 된 채로 글을 쓴다면 읽는 독자들도 마찬가지로 그러한 기분이 전달될 것이다. 결국, 독자들은 당신의 글을 외면하게 될 것이다.

하지만 당신이 글을 쓸 때 전율하고 신이 나서 신들린 것처럼 글을 쓴다면, 독자들을 누구보다도 더 영리하게 그것을 알아차리고 당신의 글을 찾아서 읽으면서 함께 전율하고, 함께 신이 나고, 함께 신들리는 것처럼 그렇게 당신의 글에 푹 빠져서 글을 읽어 내려갈 것이다.

생각해 보라. 당신의 글을 신들린 것처럼 푹 빠져서 읽는 독자들의 모습을 말이다. 생각만 해도 가슴이 뛸 것이다. 그러므로 글을 쓸 때 신이 나서 글을 쓰고, 전율을 느끼면서 글을 쓰고, 신들린 것처럼 글을 쓰는 것이 좋은 것이다. 신이 나서 글 쓸 때 독자도 신이 난다. 글을 쓴다는 것은 독자들과 소통을 한다는 것이다. 그리고 자신을 그대로 보여 주는 것이다. 그러므로 당신이 글을 쓸 때의 감정은 글이 좋은 글일수록 그대로 독자들에게 전달되어야 한다.

글을 쓸 때 전율해서 글을 써야 하는 이유가 바로 여기에 있다. 신이 나서 글을 쓰라, 그러면 독자들도 신이 날 것이다. 하지만 슬픔과 우울과 벗이 된 상태로 글

쓰게 된다면 독자들은 당신의 그 어두운 친구들과 또한 친구를 맺어야 할지도 모른다. 그런 점에서 당신은 독자들을 위해서라도 신이 나서 글을 쓰는 것이 필요하다. 개그 프로그램은 있어도 그 반대의 개념은 없는 것은 사람들은 모두 즐거움을 본능적으로 추구하는 그런 인간이기 때문일 것이다. 당신이 전율하면 독자들로 전율하면서 당신의 책을 읽을 것이다. 당신이 무기력한 상태에서 책 쓰게 된다면 당신의 독자들도 또한 무기력해지고 의기소침해질 것이다.

무기력해지고 의기소침해지면 그 어떤 행동도 하기가 싫어지게 되고, 당연히 독서도 멈추게 될 것이다. 당신의 책을 읽는 것도 예외는 아니다.

책을 쓰는 재미와 맛을 느끼는 방법?
'챗GPT의 한계'

글을 쓸 때 글을 쓰는 재미와 맛과 힘을 동시에 느끼기 위해서 가장 중요한 사실 한 가지를 알아야 한다. 그것은 절대 낡은 글을 쓰면 안 된다는 것이다.

글이 새롭지 못하면 글을 쓰는 재미도 없을 것이고, 글을 쓰는 맛도 느끼지 못할 것이고, 글을 쓰는 것을 통해 그 어떤 힘도 느끼지 못하게 되기 때문이다.

글이 진부하게 되지 않기 위해서 무엇을 해야 할까? 글이 진부하게 되지 않기 위해 어떻게 해야 할까?

필자가 조언해 주는 것은 필자가 가장 흔하게 사용하는 방법이다. 바로 '사고와 학문의 경계를 넘나들어라.'라는 것이다. 그것은 무엇보다 가장 중요한 작가 지침 이다.

그 어떤 독자들도 물린 내용의 글에 열광하지 않을 뿐만 아니라 눈길도 주지 않기 때문이다. 당신이 유명한 유명 인사가 아니라면 더더욱 그러하다.

창조적이고 기발한 책들을 보라. 그런 책들의 저자들은 모두 사고와 학문의 경계를 허물었던 인물들이다. 앨빈 토플러, 피터 드러커, 세스 고딘, 다니엘 핑크, 톰 피터스 베르베르 등이 대표적인 인물들일 것이다.

특히 앨빈 토플러, 피터 드러커는 스스로 독학을 통해 세계적인 학자의 명성을 성취해 낸 인물들이다. 이들은 다양한 주제로, 다양한 분야의 공부를 통해 서로 다른 학문을 연결해 결국 세계적인 학자의 명성을 얻게 되었다.

그리고 그러한 서로 다른 학문의 경계를 허무는 것이 바로 통섭이고, 융합이며, 창조의 본질이라는 사실에 대해 주목해야 할 것이다.

서로 이질적인 사고가 교차할 때, 새로운 창조가 이루어진다. 그러므로 작가는 어떤 일이 있어도 서로 다른 생각을 다양하고 폭넓게 할 수 있는 사람이 되어야 한다. 그리고 그렇게 할 때 책 쓰기도 한층 더 재미있고 신나고 즐겁게 된다.

그뿐만 아니라 그렇게 할 때 그런 글이 진정한 힘을 가지게 되는 것이다. 생각해 보라. 낡은 생각, 낡은 내용은 그 어떤 맛도 힘도 과연 있을 수 있을까?

그대가 조금이라도 독자들을 사로잡을 수 있는 책 쓰기 혹은 격조 높은 책 쓰기를 하고 싶다면 자기 사고의 틀 속에서 벗어나야 하는 것이 가장 중요하다. 즉 자기 속에서 탈피하여야 한다.

이 세상은 그 어떤 존재라도 자신 사고의 틀 속에, 자기 자신만의 작은 세계 안에 갇혀 있는 사람의 말과 글에 흥미를 느끼지 않는 법이다.

최소한 글을 쓰는 작가가 되기 위해서는 자신을 뛰어넘어야 한다. 그래서 너무나 많은 사람이 작가로서 삶을 성공적으로 살아가는 것이 힘들다고 말하는 것이다.

이런 점에서 작가란 문장력만 뛰어난 사람이 아니다. 이런 점에서 작가란 글만잘 쓰면 되는 사람이 절대 아니다. 먼저 작가란 자기 자신을 뛰어넘어야 할 그 무엇이다. 이것이 필자가 정의한 작가의 의미이다.

하지만 이것은 과거의 정의일 뿐, 다가오는 새로운 미래에 작가의 정의는 너무나 놀랍게, 그리고 급격하게 바뀔 것이다.

어쨌든 지금까지의 작가는 이래야 했다. 자신을 넘어선다는 것은 결국 외부적으로 볼 때 사고와 학문의 경계를 허문다는 것이다.

사고와 학문의 경계를 허무는 가장 좋은 방법, 가장 쉬운 방법은 발상을 전환하는 것이다. 그러므로 발상의 전환을 의도적으로 노력하지 않는 사람은 작가가 되기 힘들다. 그리고 발상의 전환을 의도적으로 노력하는 방법의 하나는 이 세상의모든 일에 대해 항상 의문을 가지는 것이다.

그러므로 작가는 항상 '왜'라는 질문을 던질 수 있어야 한다. 그러한 '왜'라는 의문 속에서 한 권의 책이 나오고, 그 한 권의 책을 통해 수백 권의 책이 탄생할 수 있게 되기 때문이다.

이러한 의문을 품게 되면 좋은 점이 남들이 미처 생각지도 못했던 것들을 생각할 수 있게 되고, 남들이 미처 깨닫지도 못한 것들을 깨닫게 되기 때문이다.

의문을 가지게 되면 자연스럽게 다양한 분야의 책들을 더 탐독하게 되고 공부하게 된다. 그리고 그렇게 되어야 한다. 사고만 의존해서도 안 되고, 지식만 확장해서도 안 된다. 이 세상은 모든 것이 서로 영향을 준다. 그러므로 다양한 지식, 학문을 공부해야 하는 것과 마찬가지로 다양한 사고도 해야 한다.

이 두 가지 중에 굳이 더 중요한 것을 선택하라면 공부이다. 천재들은 공부가 필요하지 않다. 사색만 하면 되기 때문이다. 하지만 평범한 사람들은 공부가 없이 사색만 하면 그 사고의 폭이 너무나 편협해지고 좁아진다. 그래서 공부를 통해 사고의 폭을 넓혀질 수 있는 토대 만들어 주어야 한다.

작가가 되고자 하는 사람들에게 가장 하고 싶은 말은 책 쓰기를 의무로 생각하거나, 돈벌이나 생계를 위해서 해야만 하는 일로 절대 생각해서는 안 된다는 것이다.
생각해 보라. 책 쓰기는 결국 어린아이들이 놀이터에서 노는 것과 같다는 사실에 대해서 한 번 정도는 생각해 보라. 어린아이들이 놀이터에서 놀 때는 절대 그어떤 결과에 대해서도 걱정하거나 두려워하지 않는다.

어린아이들은 놀이에만 집중한다는 것이다. 또한, 놀이는 인간을 창조적으로 만든다. 그래서 무엇보다 중요한 인간의 창조 활동이며 자연스러운 활동이다. 그런 점에서 당신이 놀이와 상관없는 삶을 살아가고 있다면 당신에게는 그 어떤 재미도 없고, 그 어떤 창조성도 없다는 사실을 명심해야 한다.

왜 놀이가 중요한 것인지 생각해 보라.

놀이를 자주 하고, 잘하는 어린아이나 성인일수록 무엇을 해도 창조적이고 사고가 유연하고 업무의 성과도 높고 인간관계도 원만하다.

유머 감각이 높은 사람일수록 연봉이 높고 업무 성과가 뛰어나다는 사실이 이미 알려졌다.

책 쓰기를 게임이나 놀이로 만들어야 할 필요가 바로 이것이다.

책 쓰기의 성과를 높이고, 창조적이고 유연한 책 쓰기가 가능하게 되기 때문이다. 하기 싫지만, 돈벌이를 위해서 하는 책 쓰기는 고통이다. 하지만 게임이나 놀이처럼 책 쓰기를 하는 것은 즐거움이고 기쁨이다.

인간은 즐겁고 기쁘고 신이 날 때 가장 창조적이고 가장 놀라운 능력을 발휘해 낼 수 있는 그런 동물이다.

2002년 월드컵 때 한국인들은 열정적인 응원을 통해 전 세계를 매료시켰다. 한국인들에게 그런 저력은, 그런 다이내믹한 열정은 어디에 숨어있었던 것일까? 그들을 깨운 것은 과연 무엇일까?

한 마디로 바로 '즐거움'이었고, '재미'였고, '감동'이었다.

생계를 위해서 하는 일을 통해서 감동하고, 즐거움과 재미를 느끼는 사람은 많지 않다. 하지만 게임이나 놀이를 통해서 감동하고, 즐거움과 재미를 느끼는 사람은 적지 않다.

책 쓰기는 인간의 마음을
훔치는 것이다

책 쓰기는 인간의 마음을 훔치는 것이다. 인간만이 인간의 마음을 훔칠 수 있다. 인간을 제대로 이해할 수 있어야, 마음을 훔치는 것도 가능하다. 이것은 인간만이 할 수 있다. 인공지능은 인간의 마음을 이해도 하지 못한다. 바로, 이 차이를 깨닫는 것이 매우 중요하다. 강점을 발견해서 그것을 더 강화하면, 게임은 끝나기 때문이다.

당신은 어떤 글을 쓰는 사람인가? 챗GPT처럼 지식과 정보를 나열하는 기계적인 글쓰기인가? 아니면 인간의 마음을 훔칠 수 있는 인간적인 글쓰기인가? 정확히 말하자면 당신의 글은 인간에게 지식만 주는 글인가? 아니면 당신의 글을 읽는 독자들에게 일종의 감흥을 주고, 마음을 사로잡고, 움직이게 할 수 있는가? 인간에게 가슴 설레게 하는 떨림을 주는 글을 쓰는가?

과연 이 차이를 만드는 것은 무엇일까? 그 비결은 무엇일까?

챗GPT와 인간의 책 쓰기가 다른 가장 근본적인 이유는 책 쓰기가 기교의 문제가 아니기 때문이다. 책 쓰기는 기교의 문제가 아니라 진실한 마음의 문제, 인간의 이해라고 생각하기 때문이다. 진짜 살아 숨 쉬는 문장을 쓰는 법은 멀리 있지 않다. 참된 마음으로, 진심으로 글을 쓰면 된다. 하지만 인간이면서도 이것이 가장 힘든 이유는 세상에 대한 욕심과 부와 성공에 대한 집착 때문이다. 문제는 마음이 없는 챗GPT는 절대로 진심으로 글을 쓸 수가 없다는 사실이다. 마음이 없는 기계에 불과하기 때문이다. 마음은 인간만이 가지고 있는 신비로운 것이기 때문이다.

순수한 마음을 가진 종교인들의 글이 최근에 일본이나 한국에서 베스트셀러를 차지하고 높은 순위를 계속해서 오랫동안 유지하는 이유가 무엇인지 아는가? 그것이 바로 참된 마음을 가진 사람이 기교에 의지해서 글을 쓰는 것이 아니라 진심으로 참되게 글을 쓰기 때문이다.

부와 명예와 세상의 성공에 욕심을 내는 사람은 마음이 그러한 것들로 가득 차 있으므로 보석과 같은 글이 나오는 것이 아니라 쓰레기 같은 글이 나올 수밖에 없는 것이 아닌가?

글도 그러한 글은 스스로 자살을 한다. 자신이 살아 숨 쉬어야 할 가치가 없는 글이라는 사실을 누구보다 먼저 알고 있기 때문이다. 그래서 글에 힘이 없고, 글이 무미건조할 수밖에 없는 것이 아닐까?

욕심을 내게 되면 무엇보다 흉측한 냄새가 나게 된다. 글에도 그런 냄새가 옮겨진다는 사실을 알아야 한다. 욕심을 내지 않고, 참된 마음으로 순수하게 글을 쓰게 되면, 그 글은 살아 숨 쉬고 생동감이 흘러넘치게 된다. 그 결과 그런 글은 힘이 있다. 그래서 독자들에게 감흥을 줄 수 있고, 설렘과 떨림을 줄 수 있다.

글이든 동물이든 죽은 상태에서는 그 어떤 자극도 주지 못한다. 하지만 살아 있을 때는 상황이 달라진다. 크든 작든 자극을 줄 수 있고, 영향을 줄 수 있다. 그것이 아무리 작은 떨림이고 하찮은 설렘일지라도 반드시 전해지고 영향을 주게 되어있다.

바로 이것이 살아 숨 쉬는 글들이 힘이 셀 수밖에 없는 이유이다.

살아 숨 쉬는 문장을 쓰고 싶다면 먼저 자신의 영혼이 살아 숨 쉴 수 있게 해 주어야 한다. 영혼은 순수하고 진실할 때 살아 숨 쉴 수 있다. 그리고 그것이 당신이 향기롭게 글을 쓸 수 있는 유일한 길이다.

맑고 진실한 책 쓰기가 결국 독자들의 마음을 사로잡는 것이다. 인기 상품 작가가 되기 위해, 돈을 많이 벌기 위해, 유명해지기 위해 글을 쓸 때는 절대 독자들을 감동하게 할 수 없다. 그래서 그러한 목표에서 더 멀어지게 되는 것이다.

맑고 진실한 마음을 가졌다면, 그다음에는 책 쓰기에 오롯이 미쳐야 한다. 그렇게 미칠 때 위대한 책 쓰기가 구현될 수 있다. 최소한 무엇인가에 미치지 않고서 무엇인가를 이루어 낸 사람은 단 한 사람도 없다는 사실은 결코 과장된 말이 아님을 필자는 확신한다.

챗GPT를 뛰어넘는
작가가 되는 방법

당신이 챗GPT를 뛰어넘어, 최고의 작가가 될 방법을 공개하고자 한다. 너무 놀라지는 말라. 생각해 보면 단순하다. 챗GPT가 못 하는 것은 읽는 사람, 즉 인간을 이해하거나 공감할 수 없다. 바로 이것이다. 인간을 이해하고 공감하는 작가가 되는 것이다. 다시 말해, 독자인 인간을 이해하고 공감하는 작가가 되기 위해서는 자신의 이야기가 아니라 독자에게 집중하면 된다.

독자에게 집중한다는 것은 독자의 고민, 독자의 아픔, 독자의 생각, 독자의 상황을 생각해서 책을 쓰는 것이다. 챗GPT를 뛰어넘는, 대체 불가한 작가가 되는 방법은 단 한 가지뿐만이 아니라는 점을 함께 명심해 주기를 바란다.

첫째. 당신이 쓴 첫 문장이 독자에게 도저히 읽지 않으면 도저히 견딜 수 없게 만들라는 것이다. 즉 독자를 끌어당기는 책을 쓰라는 이야기다.

둘째. 당신이 쓴 글들을 독자가 계속해서 읽게 만드는 것이다. 한 마디로 독자들이 당신의 글에 중독이 되게 하는 것이다. 챗GPT는 바로 이런 것들을 도저히 할 수 없다.

당신이 그렇게 만들기 위해서는 강력한 책 쓰기를 할 수 있어야 한다. 강력한 책 쓰기는 한 마디로 독자들에게 강한 인상을 남기는 책 쓰기이다.

모든 중독의 본질은 쾌감의 강렬하고 짜릿한 인상이다. 마약과 같은 그런 강렬한 인상을 독자에게 줄 수 있으면 당신은 이미 성공한 작가와 다를 바 없다. 독자들은 당신을 잊지 못하기 때문이다.

위대한 대문호의 글들을 읽어 보라. 그들의 글에는 강렬한 인상이 있다. 그래서 그 작가들을 당신은 이 세상이 수많은 작가보다 먼저, 그리고 오래, 그리고 영원히 기억하게 되는 것이다.

문제는 '강렬한 인상을 독자들에게 주는 글을 어떻게 당신이 쓸 수 있는가?'일 것이다. 그 방법은 이 세상에서 당신에게 직접 가르쳐 줄 사람은 단 한 사람도 없다. 당신에게 가장 좋은 방법은 당신만이 알고 있기 때문이다.

헤밍웨이와 스타인벡과 같은 작가들은 독자들에게 강렬한 인상을 주기 위해서, 즉 좋은 글을 쓰기 위해서 직접 모험했다. 그리고 나서 그들은 위대한 글을 쓸 수 있었다.

셰익스피어와 스티븐 킹은 생활고로 비참한 생활을 하면서 수많은 직업에 전전해야 했다. 하지만 그러한 인생의 밑바닥 경험이 그들을 위대한 독자로 만든 것처럼 말이다. 챗GPT는 이런 경험이 없을 뿐만 아니라 그 고통과 상처와 아픔을 도저히 이해도 할 수 없을 것이다. 뼈아픈 인생을 제대로 경험한 인간만이 독자들에게 강한 인상을 남길 수 있었다.

그들의 글들이 살아 숨 쉬는 이유가 바로 이것이다.

당신이 강렬한 인상을 남길 수 있는 작가가 되고 싶다면 다양한 경험을 해야 한다. 당신이 이미 다양한 경험을 했다면 그것보다 더 좋은 것도 없겠지만, 당신이 살면서 경험한 것은 시대와 장소에 제약받은 한정적인 경험에 불과하다는 사실을 알아야 한다.

최고의 경험을 쌓는 최고의 방법은 엄청나게 많은 다양한 책들을 읽는 것이다. 그것이 가장 작은 시간과 적은 노력과 적은 투자로 가장 많은 경험을 할 수 있는 최고의 방법이다.

바로 이런 이유에서 중국의 시성 두보는 '만 권의 책을 읽으면, 글을 쓰는 것이 신의 경지에 이르게 된다.'라고 말을 했다.

만 권 정도의 책을 읽은 사람은 남들이 상상도 하지 못하는 다양한 경험과 인식을 갖추게 된다. 그렇게 엄청난 경험과 의식이 최고의 글을 쓰는 데 가장 중요한 토대가 되어 준다고 필자는 생각한다.

하지만 경험만 무조건 풍부하다고 좋은 작가가 될 수 있는 것은 절대 아니다. 그뿐만 아니라 엄청난 책을 읽고 엄청난 경험이 있다고 해도 더더욱 최고의 작가가 되는 것은 아니다.

최고의 작가가 되기 위해서는 한 가지 더 필요한 것이 있다. 그것은 바로 누구에게 이야기할 것인가에 대해 분석해야 한다는 것이다.

다시 한번 말하자면, 최고의 작가가 되는 방법은 독자들에게 최고의 인상을 심어 주어야 한다. 최고의 인상을 받은 작가에게 독자들은 중독이 되어, 팬이 되기 때문이다. 결국, 확고한 팬들이 많은 작가가 최고의 작가인 셈이다.

그런데 최고의 인상을 독자에게 심어 주기 위해서는 독자에 대해 깊게 넓게 제대로 분석해야 하는 것이 필요하다.

사람마다 취약한 부분이 다르고, 열광하는 부분이 다르기 때문이다. 당신이 당신 글의 독자들로 생각하는 사람들에 대해 잘 알면 알수록 당신은 그들의 마음에 쏙 드는 글을 쓸 수 있게 된다.

그런 점에서 당신이 최고의 작가가 되기 위해서는 두 가지 핵심에 집중해야 한다.

첫 번째는 당신 자신이다. 당신 자신 경험, 의식, 사고를 향상해야 한다. 최소한 독자들에게 많은 영향력을 주기 위해서는, 그들의 인생을 바꾸기 위해서는 그들보다 더 많은 경험을 해야 하고, 더 높은 의식을 길러야 하고, 그들보다 더 폭넓고 유연하고 창조적인 사고를 해야 한다.

두 번째 당신이 집중해야 하는 핵심은 당신 글의 독자가 되어 줄 사람들이다. 독자들에 대해 정말 잘 알고 있고, 많이 알고 있고, 그들의 심리를 꿰뚫어 볼 수 있는 작가가 되면 그들을 훨씬 더 쉽게 더 많이 그들의 마음을 사로잡을 수 있는 글을 쓸 수 있기 때문이다.

고대 중국의 병법서인 《손자병법》 〈모공편謀攻篇〉에 나오는 말인 '지피지기백전불태[知彼知己百戰不殆]'란 말이 책 쓰기에도 그대로 적용된다고 필자는 생각한다.

즉 독자를 알고, 자기 자신을 알고 나서 글을 쓴다면 백 권의 책을 쓴다 해도 절대로 위태롭게 되지 않을 것이다.

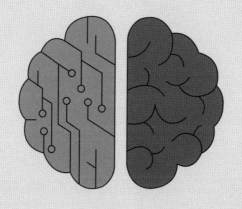

제5장

AI를 뛰어넘는
책 쓰기의 5가지 비결

"인간을 불행하게 하는 것은 집착과 욕심이다. 책 쓰기는 수많은 집착과 욕심에서 그 순간 벗어나게 해 준다. 책 쓰기를 하는 순간만큼은 누구보다 행복해질 수 있다. 아무리 많은 걱정과 근심이 있어도, 책을 쓰는 순간만큼은 벗어날 수 있다. 이 얼마나 멋지고 좋은 일인가? 수지맞는 장사다. "

– 김병완, 《48분 기적의 책 쓰기》 중에서

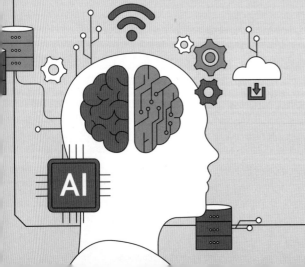

- 첫 번째 비결 -
감성적인 책을 쓰라

챗GPT를 뛰어넘는 책 쓰기를 하고 싶다면, 대체 불가한 작가, 더 나은 작가가 되고 싶다면 이것 하나는 반드시 명심하자.

우리의 뇌는 두 개라는 사실이다. 좌뇌만 사용하지 말라. 그리고 우뇌만 사용하지도 말라. 좌뇌와 우뇌를 모두 사용할 수 있는 작가가 위대한 작가가 될 수 있다는 결론에 도달했다.

좌뇌와 우뇌는 각각 다른 기능을 하기 때문이다. 한쪽만 활용하고 사용하는 것은 마치 너무나 다양한 도구 중에서 반만 사용하고 반은 그냥 골방에 처박아 놓고 사용하지 않는 것처럼 낭비적인 일이기 때문이다.

작가들은 글을 쓸 때 뇌가 어떻게 작용하는지 이해하는 것이 매우 도움이 될 뿐만 아니라 글을 잘 쓰기 위해서 반드시 잘 알고 있어야 한다.

책 쓰기의 첫 번째 단계에서는 정서적인 우뇌가 활동한다. 정서적인 우뇌의 특성은 재미, 감각, 직관, 상상 등 감성적이다. 여기에 이제 좌뇌가 통합된다. 이것이 책 쓰기의 두 번째 단계이다. 책 쓰기의 두 번째 단계에는 논리적인 좌뇌가 활동한다. 논리적인 좌뇌의 특성은 논리, 판단, 정확 등 이성적이다. 이것이 좌뇌의 영역이다. 책을 쓸 때 작가는 우뇌로 감성적으로 통합적으로 큰 그림을 그리고, 전체를 종합적으로 통찰한다. 좌뇌는 논리적으로 판단하고, 계획하며, 분석하면서, 구체적인 사항을 점검한다. 우뇌가 숲을 보면, 좌뇌는 숲속에 있는 하나하나의 나무를 보는 것이다.

위대한 작가들의 글을 보면 논리적이지만, 감성이 풍부하다. 하지만 아마추어일수록 논리적이지만 감성이나 느낌이 빠져 있거나, 아니면 정반대로 너무 감성적이지만 논리가 빠져 있다.

우뇌와 좌뇌를 모두 사용해야 하는 이유가 바로 여기에 있다. 하지만 문제는 지금까지 인류는 좌뇌 중심의 교육을 받아 왔고, 좌뇌 중심의 사회 구조 속에서 살아왔다는 것이다. 산업화 시대와 지식 정보화 시대를 살면서 인류는 우뇌보다 좌뇌 중심적인 생활을 하도록 익숙해져 있다.

논리적이고 시시비비를 가리고 구체적인 계획을 좋아하는 것은 모두 좌뇌형 사회가 만든 부산물이다. 한국 사회가 점점 서양을 닮아가고, 소송이 많아지고, 비판이나 악성 댓글이 많아지는 것은 모두 점점 더 좌뇌형으로 가고 있다는 것을 보여 주는 방증일 것이다.

하지만 한국인들은 이 세상에서 그 어떤 민족들보다 우뇌형이다. 그래서 통합적이고 감성적이다. 신명 나면 무엇이든 해낼 수 있는 민족이 바로 한국인이다.

그런데 현대 교육이 시작되면서, 빠른 산업화를 통해 경제 성장만 급격하게 한 것이 아니라, 한국 사람들의 뇌 활동이 급격하게 좌뇌 중심으로 바뀌었다고 생각한다. 그 결과 많은 사람이 글을 쓰는 것에 관해서 부담을 느끼게 되었다고 생각한다.

평범한 사람들이 너무나도 많이 글을 쓰는 것에 부담을 느끼는 가장 큰 이유는 논리적이고 구체적으로 정확하게 써야 한다는 강박관념, 즉 좌뇌에 너무 편향되고 집중된 사고방식과 생활 습관과 교육의 악영향 때문이라고 할 수 있다고 필자는 생각한다.

책 쓰기를 시작도 하지 못하는 것은 바로 논리적으로 판단하기를 좋아하는 좌뇌 때문이다. 더 나은 작가가 되기 위해서는 좌뇌의 절제와 판단과 논리와 언어가 필요하다. 그러므로 더 나은 작가가 되기 위해서 직관과 상상을 활용하고, 재미와 감각, 느낌에 자신을 맡겨보는 그런 우뇌형 사람으로 약간 옮겨가야 할 필요가 있을 것이다.

의도적으로 우뇌형 사람이 되고자 노력해야 양쪽 뇌의 균형이 맞추어지기 때문이다. 그래서 살펴보면, 성공한 사람들, 성공한 작가들, 놀라운 천재들은 모두 우뇌와 좌뇌의 능력을 모두 발휘한다. 위대한 예술가들, 성공한 사람들, 훌륭한 작가들의 경우, 한쪽 뇌만 사용하는 것이 아니라, 알게 모르게 우뇌와 좌뇌가 무의식적으로 서로 돕고 협동하면서, 더 나은 성과를 창출한다. 그림을 그리고 조각하고 음악을 창작하고 글을 쓰고 편집하고 책을 만들 때, 우뇌에서 좌뇌로, 또 좌뇌에서 우뇌로 자유자재로 통합하고 협동하고, 도우면서 뛰어난 작품을 만들어 낸다.

공대생들이 나중에 작가가 되면, 기가 막힌 소설을 쓸 수 있는 이유가 바로 이것이다. 좌뇌 중심의 공대생들이 우뇌 중심의 글쓰기를 하면, 좌뇌와 우뇌가 잘 조합되어 기가 막힌 소설을 쓸 수 있게 되는 것이다.

결론은 더 나은 작가가 되기 위해서 당신의 감성을 자극하는 일을 매일 하여 우뇌를 깨우고 단련시켜야 한다는 것이다. 이러한 사실에 대해서 알고만 있다고 해서 저절로 양쪽 뇌를 무의식적으로 균형이 맞도록 잘 사용할 수 있는 것은 아니기 때문이다.

옛날부터 글을 잘 쓰기 위해서는 세 가지를 많이 해야 한다는 말이 있다. 당송팔대가 중의 한 명인 구양수는 글을 잘 쓰는 비결에 대해서 삼다三多를 주장한 적이 있는 데, 이것이 지금까지 책쓰기 방법의 금과옥조金科玉條로 삼으며, 황금률로 전해 내려오고 있다.

"다문다독다상량多聞多讀多商量"
한마디로 많이 듣고, 많이 읽으며, 많이 생각한다는 뜻이다. 중국中國의 구양수

歐陽脩가 글을 잘 짓는 비결祕訣로서 이른 말이다.

필자는 이 말이 정말 천하의 명언이라고 생각한다. 이 말을 실제로 알게 모르게 실천해서 작가가 된 사람이 바로 필자이기 때문이다.

많이 듣는다는 것을 결국 많이 읽는다는 것과 같은 의미라고 생각한다. 결국 다독多讀이 다문多聞과 하나도 다를 바 없다고 생각한다.

많은 책을 읽은 사람은 결국 많은 것을 보고 들은 것과 같다. 그런 점에서 필자는 다독을 권장하는 사람 중의 한 명이다.

필자가 운이 좋게도 다독을 3년 정도 하지 않았다면 지금의 필자도 존재하지 못했을 것이라고 강하게 믿고 있기 때문이다.

왜 당대의 시성 두보가 '남아수독오거서男兒須讀五車書'라고까지 하면서, 다독多讀을 강조했을까?
그것은 바로 다독해야 세상을 보는 눈이 그만큼 정확해지고 넓어지기 때문이다.

동양의 시성이 강조한 다독을 서양의 철학자인 장 폴 사르트르의 표현을 빌려 대답하자면, '인생을 포함해서 많은 것을 변화시키고 싶다면 먼저 많은 것을 받아들여야 하기 때문'이라고 말하고 싶다.

좋은 작가가 되기 위해서는 무엇보다 세상을 보는 눈이 있어야 한다. 읽은 만큼 세상이 보이게 되고, 보이는 만큼 책을 쓸 수 있기 때문이다.

그러므로 더 나은 작가가 되고 싶다면 먼저 많은 책을 읽어야 한다. 이것은 절대적인 황금률이다.

많은 책을 읽어야, 많은 간접 경험을 할 수 있고, 그로 인해 다양하고 많은 사고와 견해를 받아들일 수 있고, 스스로 할 수 있는 경지에 이르게 된다.

바로 이것이 우리가 다독해야 하는 이유이다.

글의 기본재료인 단어를 늘리는 최고의 방법은 또한 '다독'이다. '다독'이 아니고서는 어휘력을 제대로 향상시킬 수가 없다. 그 이유는 단순히 단어 수만 많이 안다고 어휘력이 높은 것은 절대 아니다.

어휘력이 높다는 것은 단어를 많이 알고 있어야 할 뿐만 아니라 그 단어들을 적절한 문장 속에 잘 넣어서 활용할 줄 아는 능력까지 있는 것을 의미한다. 그렇게 하기 위해서는 '다독'이 최고의 방법이다. 다독은 사고의 폭을 넓혀 줄 뿐만 아니라 글의 기본재료가 되는 어휘력도 향상해 준다는 점을 명심하자.

일본 작가 와시다 고야타씨도 책을 잘 쓰기 위해서는 다독이 중요하다는 사실을 강조한다. 그는 독특하게 많이 읽어야 한다는 사실을 뮤즈를 통해 설명한다. 책을 쓰는 작가는 먼저 많이 읽어야, 글이 술술 쓰일 수 있고, 많이 읽어야 문장을 잘 만들 수 있고, 무엇보다 많이 읽어야 뮤즈가 내려온다고 그는 강조한다.

'읽기'의 연장선상에 '쓰기'가 있다. 예술의 신 뮤즈는 읽지 않는 사람에게 내려오지 않는다. 많이 읽는 사람을 뮤즈도 좋아한다. 왜냐하면 '뮤즈는 항상 책 속에 숨어있기 때문이다. 책을 읽지 않는 사람은 책 쓸 영감과 쓸 거리가 나오지 않는 이유가 여기에 있다. 예술의 신 뮤즈가 있다고 믿는 사람이어도 좋고, 아니어도 좋다. 결론은 같기 때문이다. 책을 쓰기 위해서는 다독해야 한다는 것이다. 저절로 쉽게 책을 쓸 수 있다고 기대하는 것도 좋지 않다. 뮤즈와 같은 것에 너무 큰 기대를 하지 말고 다독을 통해 스스로 멋진 생각, 아이디어, 영감, 사고, 의식을 만들어 내는 것이 좋다. 그것이 정도이기 때문이다.

멋진 영감이나 생각이 떠오르는 것은 언제나 경험하는 일이다. 하지만 그것이 예술의 신 뮤즈는 절대 아니다. 그리고 좋은 생각이 가장 많이 떠오르는 순간은 작가는 글을 쓰고 있는 순간이라는 사실을 잊지 말아야 할 것이다.

책을 쓰는 작가가 글을 쓰는 것은 순전히 우리 자신의 몫이다. 그리고 당신 자신의 몫이다. 그리고 그것은 노동과 흡사 닮았다. 아무도 그저 해 주지 않기 때문이다. 노동은 힘이 들고 스스로 해야 하기 때문이다.

예술의 신! 뮤즈는 이 세상에 존재하지 않는다. 그러므로 당신이 스스로 책을 읽으면서, 글을 쓰면서, 세상에 부대끼면서 만들어 내야 한다. 당신이 많이 노력하면 많이 만들 수 있고, 적게 노력하면 적게 만들 수밖에 없다.

하지만 여기에도 고수와 하수의 차이가 엄연히 발생한다. 하수는 아무리 열심히 노력해도 하나도 얻지 못하지만, 고수는 한 번 시도하기만 해도 반드시 수확을 가지고 온다. 이것이 고수와 하수의 차이이다.

명심하라. 이 세상 그 어떤 고수도 처음부터 그렇게 실력자였던 것은 아니다. 그들도 처음에는 아마추어였고, 초보자 시절이 다 있었다. 하지만 수십 년 이상, 남들보다 더 많은 연습과 혹독한 단련을 통해서 다양한 분야에서 달인이 되었고, 그렇게 수십 년 동안 축적된 내공과 실력이 저절로 뿜어져 나오는 것임을 알아야 한다.

세상에 공짜는 없다. 세상에 공짜 점심도 없다. 누가 당신에게 공짜로 점심을 사주겠는가? 반드시 이유가 있고, 목적이 있다. 그러므로 예술의 신! 뮤즈라는 것은 이 세상에 존재하지 않는다. 당신이 스스로 만들어 내야 한다. 치열한 노력을 해야 하고, 노력이 아무리 크다고 해도 당신이 스스로 어느 정도의 수준이 되어있지 않는다면 하나도 얻지 못한다는 사실을 명심하라.

그러므로 연습과 훈련, 그리고 어느 정도의 시간은 반드시 무엇을 하려고 해도 필요한 것이다.

- 두 번째 비결 -
매일 밥 먹듯이 잠을 자듯 쓰라

인간이 선택할 수 있는 유일한 방법은 때로는 많지 않다. 특히 작가의 세계는 그렇다. 대체 불가한 작가가 되는 길에는 왕도가 없다. 다만 정도뿐이다. 그것은 바로 많이 쓰는 것, 그리고 그것도 매일 쓰는 것이다. 대부분의 위대한 작가들이 위대한 작가의 반열에 오를 수 있었던 단 한 가지 비결은 바로 그들은 매일매일 글을 쓰면서, 엄청난 양의 창작 활동을 했기 때문이다. 매일 밥 먹듯이 잠을 자듯 쓰라. 인간만이 밥을 먹고, 잠을 잘 수 있다. 그리고 인간은 자동으로 매일 누가 시키지 않아도, 밥을 먹고, 자동으로 잠을 잔다. 책 쓰기를 이렇게 밥을 먹듯이, 잠을 자듯이 만들면 된다.

매일 밥 먹듯이, 잠을 자듯 책을 쓴 대표적인 작가가 바로 스티븐 킹이다. 그가 얼마나 매일 글을 썼는지에 대해 그가 쓴 《유혹하는 책 쓰기》라는 책을 읽어 보면 알게 된다. 그는 어떤 소설이든-설령 분량이 많더라도 - 한 계절에 해당하는 3개월 이내에 초고를 끝내야 한다고 믿었고, 그렇게 실천했다고 한다. 그 이상으로 걸리면, 그의 표현을 빌리자면, '마치 루마니아에서 날아온 공문서처럼, 또는 태양의 흑점 활동이 심할 때 단파 수신기에서 나오는 소리처럼 이야기가 왠지 낯설어지기 때문'이다.

그는 매일 열 페이지 이상 책을 쓰는 것을 좋아했다고 한다. 낱말로는 2천 단어쯤 되는 분량이다. 이렇게 3개월 동안 쓰면 18만 단어가 되는데, 그 정도면 책 한 권 분량으로는 넉넉한 셈이다. 더 놀라운 사실은 지금부터다. 그는 엄청난 몰입을 해서 쓸 때는, 일주일 만에 책을 한 권씩 쓸 정도였다고 한다. 그는 신문 기자들에게 '크리스마스와 독립기념일과 자신의 생일만 빼고 날마다 글을 쓴다'라고 말한 적이 있다고 한다.

글을 써서 작가가 되는 유일한 길은 무조건 글을 써야 한다는 것이다. 그리고 더 나은 작가가 되는 유일한 길은 매일, 매일 무조건 글을 써야 한다는 것이다. 나는 이 사실을 확신하고 있고, 작가의 생활 수칙으로 삼고 있다. 그러므로 명심하라. 더 나은 작가가 되기 위한 최고의 방법은 날마다 최소한 원고지 10매 이상의 글을 써 내려가야 한다는 것이다.

그런 점에서 필자가 제시하는 더 나은 작가가 되는 법은 '다작'이다. 남들보다 많이 쓰면 그만큼 더 나은 작품이 나오게 되어있다. 나는 이 사실을 믿는다.

글을 직접 써 보지 않고서는 글솜씨가 늘 수 없다. 또한, 마찬가지로 글을 많이 써 보지 않고서는 더 나은 작가가 될 수 없다. 책 쓰기 책을 많이 읽는다고 책 쓰기를 잘하는 더 나은 작가가 되는 것은 절대 아니다.

그런 점에서 아마도 세계 최고의 베스트셀러 작가인 스티븐 킹은 책 쓰기 책은 대개 헛소리로 가득 차 있다고 말을 한 것으로 생각한다. 글을 잘 쓰기 위해서는 책을 열 시간 보는 것보다 글을 직접 열 시간 써 보는 것이 백 배 더 낫기 때문일 것이다.

인간은 가장 창조적일 때가 가장 자연스러울 때이다. 어떤 형식이나 틀에 얽매이게 되면 그 순간부터 당신의 창조성은 억압받게 되고 빛을 보지 못하게 된다는 사실을 명심하라.

당신을 가장 자유롭게 할 필요가 있다. 특히 작가라면 말이다. 그래서 작가들은 이 세상에서 가장 자유로운 존재들이다. 하지만 그런데도 한 가지에 너무 얽매이는 경향이 있는데 그것이 바로 형식과 틀, 특히 문장의 구조, 문법, 맞춤법이라는 것들이다.

이 세상에는 반드시 그렇게 해야 할 일은 절대로 없다. 형식과 틀은 스스로 만들었다. 사회가 만들었고, 공동체가 만들었다. 하지만 그러한 형식과 틀이 파괴되어도 되는 것이라면 충분히 파괴해야 할 필요가 있다.

왜냐하면, 파괴를 통해 새로운 것들이 창조되기 때문이다. 전통적인 학과를 고집하는 경우 융합학과가 탄생할 수 없다. 지금 이 시대는 지식과 정보화 시대가 아니라 감성과 창조의 시대이다.

바로 그런 이유로 애플의 스티브 잡스가 위대한 혁신가가 될 수 있었고, 그의 아이폰이 인류에게 스마트폰 시대를 열어 준 혁신 제품이 될 수 있었다. 아이폰이 출시 되기 전에 이미 아이폰보다 더 고성능, 고기능의 스마트폰들이 출시되어 판매되고 있었지만, 그 핸드폰들은 인간의 감성을 자극하지 못했다.

아이폰이 인류에게 스마트폰 시대를 열어 준 혁신 제품이라는 평가를 받는 이유가 여기에 있다. 인류에게 감성을 자극하고, 감성을 터치하는 그런 스마트폰이 되어 주었다.

챗GPT가 대체할 수 없는 작가, 챗GPT가 절대 할 수 없는 것이 바로 이런 부분이다. 챗GPT는 인간의 감성을 이해할 수 없고, 그것이 무엇인지 이론적으로만 알 수 있지, 진짜로, 제대로, 알 수도 없고, 느낄 수도 없다. 그래서 챗GPT를 이길 수 있는 책쓰기의 해답은 인간 그 자신에게 있다. 인간의 감정, 인간의 감성, 인간의 삶, 인간의 느낌, 인간의 기쁨과 아픔, 인간의 슬픔과 희열이 챗GPT를 이길 수 있는 책 쓰기의 전략이다.

스타벅스가 세계적인 기업이 될 수 있었던 것도 인간에게 제3의 공간이라는 새로운 감성과 품격을 선물해 주는 커피숍이었기 때문이다. 결국은 감성이 중요하다는 것이다.

감성 지능의 창시자인 다니엘 골먼은 지능지수보다 감성 지수가 더 중요한 시대가 오고 있다고 말했다.

형식과 틀에 얽매이지 않아야 하는 이유가 여기에 있다. 스티브 잡스가 기존의 스마트폰 업체들이 지켜나갔던 보이지 않는 규정을 완전하게 깨고, 기존 업계들이 세워놓은 생태계의 형식과 틀을 과감하게 파괴해 버렸기 때문에 세계 최고의 혁신가가 될 수 있었다.

형식과 틀에 얽매이지 않을 때 당신은 당신 자신을 가장 정확하게 표현할 수 있고, 가장 잘 표현할 수 있고, 가장 멋지게 표현할 수 있고, 가장 매력적으로 표현할 수 있다. 형식과 틀에 얽매이는 순간 당신은 이 모든 것을 제대로 할 수 없게 된다.

인간이 가장 창조적일 수 있을 때는 우리 두뇌의 모습처럼 자유로워야 한다. 마인드맵의 창시자가 마인드맵을 창시할 수 있었던 본질은 그것이 우리 두뇌가 자유롭게 창조적으로 가장 자연스럽게 사고해 나가는 모습이었기 때문일 것이다.

마인드맵을 보면 알겠지만 정해진 형식이나 틀은 없다. 그래서 무한정으로 확장해 나갈 수 있는 것이며, 새로운 기발하고 독창적인 것들을 창조해 나갈 수 있게 되는 것이다.

그런 점에서 형식과 틀에 얽매이면 스스로 자신 창조성의 작은 촛불을 꺼 버리는 것과 다름없다. 작가는 창조자여야 하고, 소통자여야 한다. 독자들이 열광할 수 있는 그런 새로운 사실들과 일들을 만들어 내야 하고, 그것으로 대화하면서 독자들이 스스로 자신들을 자신의 작은 세계에서 벗어날 수 있도록 조력해 줄 수 있어야 한다.

  그렇게 하기 위해서는 반드시 창조적이고 혁신적인 사상가가 될 수 있어야 한다. 한 마디로 이 시대의 작가들은 싱크탱크think tank, 즉 두뇌집단들이어야 한다. 어떤 조직에 소속된 두뇌집단이 아닌 독립적인 두뇌집단이 되어 주어야 한다.

- 세 번째 비결 -
남과 다르게 창조적으로 쓰라

챗GPT를 이길 수 있는 가장 확실한 전략이 있다. 챗GPT가 절대 할 수 없는 것, 바로 창조성을 발휘하는 것이다. 창조성을 발휘하여 책을 쓰면 무엇이 달라질까? 바로 어제까지는 세상에 존재하지 않았던 새로운 이야기, 콘텐츠를 만들 수 있다는 점이다. '기생충', '오징어 게임', '더 글로리'와 같은 콘텐츠를 챗GPT는 절대 만들 수 없다.

챗GPT를 이기는 가장 효과적인 방법은 '콘텐츠'를 만들어 내는 것이다. 그것도 가장 강력한 콘텐츠를 말이다. 가장 강력한 콘텐츠 만드는 방법은 무엇인가? 바로 남과 다르게 독창적으로, 창조적으로 쓰는 것이다. 남과 달라야 성공할 수 있다.

이 시대는 보이는 것보다 보이지 않는 것이 중요하다. 그런 점에서 디자인보다 이야깃거리가 더 중요해지는 시대이다. 디자인은 하나의 제품을 팔 수 있지만, 이야깃거리는 수백 개의 제품을 팔 수 있다.

미래학자 롤프 옌센은 정보 사회의 태양이 지고, 드림 소사이어티(Dream Society)라는 새로운 태양이 뜨고 있다는 것을 예견한 바 있다. 여기서 드림 소사이어티란 '이야기(스토리)를 기반으로 하여 움직이는 사회'를 말하는 것이다.

세계적인 미래학자 다니엘 핑크도 또한 이야깃거리의 중요성을 강조하고 있다. 논리적이고 분석적인 능력만으로는 더 성공을 보장할 수 없다는 것이다. 이야깃거리가 있어야 한다는 것이다. 성공적인 기업가가 되기 위해서는 회계. 재무 과학에 이야깃거리 기법을 결합할 수 있어야 하고, 디자인과 마찬가지로 이야깃거리는 개인과 기업이 공급 과잉 시장에서 자신의 상품과 서비스를 차별화하는 중요한 수단으로 부상하고 있다는 것이다.

디자인의 중요성은 이제 누구나 알고 있다. 하지만 이야깃거리의 중요성은 아직도 많은 사람이 잘 모르고 있다. 특히 그것이 경영에 얼마나 중요한 요소인지는 말이다. 하지만 디자인보다 더 중요한 것은 보이지 않는 이야깃거리라고 필자는 생각한다.

이 시대는 이야깃거리로 움직이는 시대가 점점 더 되어 가고 있다는 것이 필자의 생각이다. 특히 이 시대는 영웅이나 천재의 이야깃거리가 아닌 당신의 이야깃거리를 간절하게 원한다고 생각한다. 새로운 시대가 왜 그토록 당신의 이야깃거리를 간절히 원할까?

새로운 시대의 사람들은 저마다 자신의 이야기를 잃어버렸기 때문이다.

이 시대만큼 자신 삶과 자신의 이야기를 잃어버렸던 인류였던 시대는 인류 역사상 없었다. 그래서 대리 만족하기 위해 타인의 이야깃거리를 간절하게 원하는 시대가 되었다.

이것이 인문학 열풍이 다시 부는 진정한 이유이기도 하다. 이야깃거리는 과거에도 인류를 움직였고 인류를 대변했다. 하지만 지금은 그 어떤 시대보다도 더 이야깃거리가 강력해졌다. 그 이유는 현대인들이 너무 바빠졌고, 너무 풍요로워졌기 때문이다.

과거에는 한국만 해도 60년대와 70년대를 살았던 우리의 아버지 어머니 세대에는 비록 먹을 것이 없었고, 가난해서 전부 다 고생했지만, 자신의 삶이 있었고, 자신의 이야기가 있었다. 그래서 인문학이 따로 필요가 없었다. 자기 삶이 하나의 이야깃거리도 하나의 작은 인문학이었기 때문이다.

하지만 지금은 풍요로워졌지만, 한 가지 잃어버린 것이 있다. 바로 자기 삶과 자신의 이야기이다. 그래서 자신이 잃어버린 것을 되찾고 싶은 마음이 인문학 열풍으로 이어지게 되었다.

풍요롭게 살기 위해 앞만 보고 달려가다가 우리는 풍요로운 시대를 만들어 냈지만, 정작 자기 삶과 이야기를 잃어버리게 되는 그런 아이러니에 빠지게 되었다. 그 결과 풍요로운 시대에는 생존에 필요한 것보다 삶의 의미와 가치, 목적을 다시 찾게 되는 현상이 자연스럽게 되어버렸다. 풍요는 우리의 마음마저 풍요롭게 해 주지 않기 때문이다.

이야깃거리 안에 그러한 것들이 담겨 있다고 인간은 본능적으로 알고 있는 것 이다.

"이야깃거리는 인간의 감성과 삶의 목적과 자기의 이해에 목말라 있는 현대인들 이 잃어버렸던 그러한 것들을 되찾을 수 있도록 해 주는 가장 강력한 도구이다."

이야깃거리는 콘텐츠의 주요한 구성 요소이다. 강력한 이야깃거리가 받쳐주는 콘텐츠는 그 나름대로 굉장한 힘을 가지게 된다.

당신이 더 나은 작가가 되고 싶다면 반드시 당신만의 이야깃거리와 콘텐츠, 강 력하고 독창적인 이야깃거리와 콘텐츠로 무장해야 하는 이유가 바로 이것이다.

더 나은 작가가 되기 위해서는 반드시 창조적이고 미래 지향적인 작가가 되어 야 한다. 창조적인 작가가 되기 위해서 가장 중요한 것은 이 세상의 모든 것을 받 아들여야 한다는 것이다.

당신의 느낌, 생각, 견해, 경험, 의식, 관조뿐만 아니라 타인의 것들, 세상의 것 들을 모두 받아들이고 허용하고 포용할 줄 알아야 한다. 챗GPT와 다른 인간의 책 쓰기에는 세상의 모든 것들을 받아들이고 수용하고 포용할 줄 아는 큰마음이 담 겨 있다. 이것이 인간의 책 쓰기이다.

기계적으로 재단하고, 정도 없이, 그저 밀어붙이고, 쥐어짜고, 윽박지르고, 냉정하게, 차갑게 책을 쓰는 챗GPT와 달리, 인간의 책쓰기는 수용하고 포용해서 더 나은 것을 늘 창조해 나가는 창조적 책 쓰기였다.

창조적인 상태에 빠져들게 되면 '몰입'의 극치를 경험하게 된다. 그런 점에서 창조는 바로 몰입이다.

자기 자신과 이 우주가 하나되고, 이 우주의 모든 것을 다 허용하고 받아들이게 되는 바로 그 순간이 '몰입 상태'인 것이다.

몰입 상태에 빠지게 되면, 가장 먼저 나타나는 현상이 시간 가는 줄을 모르게 된다. 그리고 자의식이 사라지게 되고, 자기 자신이 지금 무엇을 하는지에 대한 의식이 사라지게 된다. 한 마디로 '무아지경'의 상태가 되는 것이다.

그렇게 강한 몰입 상태를 경험하고 나서 느끼는 것은 희열, 만족, 충만감이다. 다시 말해 몰입 상태와 같은 창조적인 작업을 한 이후에 예술가들이 기쁨과 즐거움에 열광하게 되는 것이 바로 이런 이유 때문이다.

《몰입의 즐거움》이란 책의 저자이자 몰입의 세계적 권위자인 미하이 칙센트미하이는 위대한 성과를 창출한 노벨상 수상자들을 연구한 결과 그들은 일을 힘들고, 어렵게 한 것이 아니라 마치 놀이처럼 즐겁게 신나게 했다는 사실을 발견했다.

그리고 그것이 가능한 이유는 바로 '몰입'의 비밀 때문이었다. 몰입할 때 창조적으로 되는 것뿐만 아니라 진짜 행복한 순간을 경험하게 되기 때문이다. 노벨상 수상자들은 하나같이 일을 한 적이 없다는 것이다. 그저 즐기고 놀았다고 말한다.

즉 노벨상 수상자를 비롯하여 다양한 분야에서 활동하는 창조적인 리더들은 항상 이런 말을 한다고 한다.

"내가 일평생 단 일 분도 쉬지 않고 일했다는 말도 옳고, 내가 단 하루도 일이라는 생각으로 일한 적이 없다는 말도 옳다."

위대한 몰입가들은 전부 일과 여가가 별개가 아닌 하나였다고 한다. 세상과 타인에게 방해받지 않을 뿐만 아니라 자기 자신에게도 방해받지 않고, 예외적으로 나타나는 순간을 그는 '몰입 경험'이라고 부른다.

즉 '몰입'은 삶이 고조되는 순간에 물 흐르듯 행동이 자연스럽게 이루어지는 느낌을 표현하는 말이다. 그것은 한 마디로 '물아 일체 상태', '무아경의 상태', '황홀경의 상태'이다.

더 나은 작가가 되기 위해서는 반드시 창조적 몰입의 상태를 자주 경험하는 것이 필요하다. 그것이 최고의 상태로 자신이 어떤 활동을 하고 있다는 것을 의미하기 때문이다.

인간이 가장 창조적일 때는 외부의 그 어떤 보상이나 대가가 아니라 일 자체에 완전하게 빠졌을 때이다. 그리고 그러한 상태는 순수한 관심과 즐거움, 도전 의식과 만족으로 동기화되었을 때만이 가능하다.

더 나은 작가가 되기 위해서 미래 지향적인 의식을 가진 작가가 되어야 한다는 것도 우리는 모두 명심해야 할 것 같다.

작가는 어쨌든 현재보다 약간은 앞서 걸어 나가는 사람이어야 하기 때문이다. 물론 이 다가오는 시대는 작가와 독자의 경계가 허물어지고, 심지어 인공지능 챗GPT도 책을 쓰는 시대가 되어 가고 있다. 하지만 그 시대에도 좀 더 나은 작품을 쓰는 뛰어난 작가가 되는 방법 중 하나는 세상과 타인에 대해 고민하는 인간적인 작가가 되는 것이다.

세상을 더 나은 곳으로 만들고, 타인을 돕기 위해, 챗GPT가 대체 불가한 작가가 되기 위해서, 작가에게 공부는 의무이자 특권이다.

작가란 반드시 이 세상이 원하는 것을 내놓을 줄 알아야 한다. 최소한 더 나은 작가란 모름지기 세상에 가치 있는 것을 만들어 내놓을 줄 알아야 한다. 그렇게 하기 위해서는 끊임없이 공부해야 한다.

공부란 좋은 대학교에 입학하기 위해서만 필요한 것이 아니다. 오히려 대학교를 졸업한 이후에 가장 필요한 것이 바로 스스로 하는 공부이다. 모든 사람이 평생 살면서 공부를 하는 사람과 공부와 완전하게 담을 쌓고 사는 사람의 차이는 생각보다 훨씬 크다.

공부와 전혀 상관이 없을 것 같은 일반 직장인들조차도 직장을 다니면서 공부한 양에 따라 연봉이 크게 차이가 난다.

직장을 다니면서 동료들보다 2배 이상 많은 시간을 공부한 사람들은 5년이나 10년 후에 보면 연봉이 3배 이상 많아진다고 한다. 《연봉 높은 사람들은 20대부터 무엇을 했나?》라는 책에 보면 이런 이야기가 자세하게 소개되어 나온다. 연봉이 각각 2억인 사람과 7,000만 원인 입사 동기들의 삶의 모습과 내용을 비교 분석해서 조사했다.

한 마디로 연봉이 2억인 입사 동기와 7,000만 원인 입사 동기의 차이를 가른 것은 공부량이다. 즉 연봉이 높은 사람들은 20대부터 공부를 했다는 것이다. 그것도 남들보다 2배 정도 많이 말이다.

이렇게 일반인들조차 공부한 양은 그 사람의 성공을 결정짓는 중요한 요소가 된다. 그렇다면 작가는 어떨까?

작가는 일반인들보다 더 많이 의식이 깨어 있어야 하는 사람들이다. 그렇게 하기 위해서는 공부를 절대로 해야 하는 그런 사람들이기도 하다.

그런데 한국 사회를 보면, 정말 아무것도 공부하지 않으면서 그저 인기에 연연하고, 시류에 편승하는 그런 빈껍데기와 같은 작가들이 없다고는 할 수 없다.
그저 문장을 아름답게 꾸미고, 독자들의 마음을 사로잡아서 큰 인기를 얻고자 하는 그런 작가들은 결국 쉽게 독자들의 마음에서 사라지게 될 것이다.

하지만 지독한 공부를 통해 그 결과물이 책으로 나오게 된 경우는 오랜 시간이 흘러도 독자들의 마음에서 사라지지 않을 뿐만 아니라 그 자체로도 큰 성공이라고 할 수 있다.

공부한 것은 절대 배신하지 않기 때문이다. 끊임없이 공부하는 작가는 갈수록 더 좋은 작품들을 쏟아낼 수 있다. 하지만 공부를 게을리하는 작가는 갈수록 작품들이 나빠질 수밖에 없다.

독자들의 수준은 갈수록 향상되기 때문이다. 독자들의 공부를 뛰어넘는 공부를 해야 하는 것이 바로 작가들이다. 그렇다고 너무 겁을 먹을 필요는 없다. 작가에게 공부란 의무이자 동시에 특권이다. 평생 마음껏 할 수 있는 특별한 권리이며 선물이다.

일반적인 직업은 공부를 마음껏 언제든지 할 수 있게 해 주지 않는다. 대학교 교수들은 예외다. 하지만 책을 쓰는 작가는 직업적인 특성상, 평생 공부를 무한정 할 수 있다.

- 네 번째 비결 -
다작이 재능을 이긴다

필자가 가장 좋아하는 말이 바로 이 말이다.

'양이 질을 낳는다.'

필자는 이 말에 큰 용기와 감동을 한 바 있다. 그리고 대부분의 위대한 거장들을 보면 전부 공통점을 가지고 있다는 것을 발견했다. 그들이 가지고 있는 공통점은 한 가지다.

엄청난 다작을 한다는 것이다. 결국, 양이 질을 낳은 것이라고 필자는 생각한다. 아니 확신한다.

피카소가 거장이 될 수 있었던 이유는 그가 하루에 한 장의 그림을 쏟아낼 정도로 다작을 했기 때문이라고 확신한다. 모차르트가 음악의 신동이라고 불리게 된 것도 역시 그가 어렸을 때부터 엄청난 훈련과 연습을 하고, 수많은 곡을 처음에는 많이 창작해 보고, 심하면 표절 시비에 걸릴 만큼 비슷하게 표절한 곡들도 있을 정도로 많은 곡을 지었기 때문이라고 생각한다.

프로이트도 역시 이와 다르지 않다. 그가 쓴 논문이 650여 편이라는 사실을 아는가? 또 모차르트는 600편 이상의 작품을 창작했음을 아는가? 피카소는 20,000점이 넘는 그림을 그렸다. 렘브란트는 6백 50장의 그림을 그렸다.

새뮤얼 스마일스의 《자조론》에 보면 위대한 예술가들은 모두 남다른 노력의 대가들이라는 사실을 강조한다. 다른 분야와 마찬가지로 예술계에서도 분골쇄신의 노력이 없이는 성공할 수 없다. 명화나 빼어난 조각상은 결코 우연히 만들어지는 것이 아니다. 물론 천재성도 있어야겠지만 미술가가 능숙한 솜씨로 붓이나 조각 칼을 쉴 새 없이 움직여야만 만들어지는 노력의 산물이다. 한 마디로 노력한 양만큼 위대한 질이 탄생하고, 도전한 양만큼 성공이 많아지고, 창작한 양만큼 걸작의 수가 많아진다는 것이다.
'양이 질을 낳고 양이 재능을 이긴다.'

이 한마디는 작가라면 꼭 명심해야 할 것이다. 모든 예술가라면 또한 명심해 두어야 할 말일 것이다.

양이 결국 질을 낳고, 양이 재능을 이긴다는 사실을 잘 말해 주는 사례를 필자는 《예술가여 무엇이 두려운가?》라는 책을 통해 발견하게 되었다. 이 사례는 필자가 책 쓰기 특강을 하거나 《책 쓰기》 책을 쓸 때 어김없이 등장하는 단골 메뉴이기도 하다. 그만큼 중요하다는 이야기다.

> "수업 첫날 도예 선생님은 학급을 두 그룹으로 나누어서, 작업실의 왼쪽에 모인 조는 작품의 양만을 가지고 평가하고, 오른편 조는 질로 평가할 것이라고 말씀하셨다.
>
> 평가 방법은 간단했다. 수업 마지막 날 저울을 가지고 와서 "양 평가" 집단의 작품 무게를 재어, 그 무게가 20㎏ 나가면 "A"를 주고, 15㎏에는 "B"를 주는 식이다. 반면 "질 평가" 집단의 학생들은 "A"를 받을 수 있는 완벽한 하나의 작품만을 제출해야만 했다.
>
> 자, 평가 시간이 되었다. 그런데 이상한 일이 생겼다. 가장 훌륭한 작품들은 모두 양으로 평가받은 집단에서 나왔다는 사실이다. "양" 집단이 부지런히 작품들을 쌓아나가면서, 실수로부터 배워나가는 동안, "질" 집단은 가만히 앉아 어떻게 하면 완벽한 작품을 만들까 하는 궁리만 하다가 종국에는 방대한 이론들과 점토 더미 말고는 내보일 게 아무것도 없게 되고 만 것이다."
>
> – 출처 : 데이비드 베일즈, 《예술가여, 무엇이 두려운가! Art and Fear》, 루비박스, 51~52쪽

이 대목을 읽고 나서 필자는 양이 질을 낳는다는 사실을 확신하게 되었고, 더 나은 작가가 되기 위한 가장 좋은 비결은 매일 글을 남들보다 많이 쓰는 것이라는 사실을 발견하게 되었다.

필자에게는 이 책이 최고의 스승이었다.

이 책과 함께 필자에게 큰 영감을 준 책이 바로 세스 고딘의 《린치핀》이다.

"어떤 일을 마무리했다고 그것이 곧 걸작이 되는 건 아니다. 나는 책을 100권 이상 만들어 냈다. 물론 모든 책이 잘 나가지는 않았다. 하지만 그 책들을 쓰지 않았다면, 나는 이 책을 쓸 기회를 얻지 못했을 것이다. 피카소는 1,000점 이상의 그림을 그렸다. 그러므로 사람들은 피카소의 그림을 3개 이상 알고 있다."

– 출처 : 세스 고딘, 《린치핀》, 152쪽

세계적인 작가인 세스 고딘이 만약에 처음부터 최고의 걸작을 한 권만 출간하기 위해 십 년 이상 고민하고 연구했다면 한 가지 사실은 분명할 것이다. 우리는 절대로 《린치핀》과 같은 책을 만날 수 없었을 것이라는 사실이다.

그가 100권이 넘는 책들을 쓰고 또 썼기 때문에 결국 위대한 책도 쓸 수 있게 되었다는 사실만은 명심한다.

그대들이여! 무엇이 두려운가? 무수히 많은 실패를 한다 해도 그 실패들은 모두 눈부신 성공을 위해 꼭 필요한 디딤돌이 되고, 기초가 되어 줄 것이라는 사실을 명심하자.

'양이 재능을 이긴다.'라는 생각과 의식에 눈뜨지 않았다면, 그래서 그런 생각과 의식을 필자가 가지지 않았다면 처음부터 시작도 하지 못했을 것이다. 그리고 그렇게 했더라면 지금 필자는 단 한 권의 책도 출간하지 못한 백수로 살고 있었을 것이다.

그런 점에서 이 문장은 나에게 매우 고마운 혁신적인 생각과 의식임이 틀림없다.

- 다섯 번째 비결 -
뜨거운 심장과 온몸으로 글을 쓰라

뜨거운 심장과 온몸으로 글을 쓴다는 것은 어떤 것일까?

뜨거운 심장과 온몸으로 책을 읽은 사람을 먼저 살펴보자. 바로 안중근 의사다. 우리는 너무나도 유명한 이 말을 기억할 것이다.

"일일부독서 구중생형극—日不讀書 口中生荊棘."

'하루라도 책을 읽지 않으면 입안에 가시가 돋는다.'라는 안중근 의사의 유명한 말이다. 하루 밥을 먹지 못한다고 입안에 가시가 돋지는 않는다. 하지만 하루 독서를 하지 못하면 입안에 가시가 돋는다. 이 얼마나 의미심장한 말인가? 안중근 의사는 자신의 이 말을 사형 집행 직전에도 실천했다.

사형 집행 직전 일본 관리가 안중근 의사에게 다음과 같이 마지막 소원을 물어보았다.

"사형을 집행하려 합니다. 죽기 전에 마지막 소원이 있습니까? 있다면 무엇입니까?"

안중근 의사는 한 치의 망설임도 없이 대답했다.

"5분만 시간을 주십시오. 아직 책을 다 읽지 못했습니다."

안중근 의사는 생애 마지막 5분을 책을 읽었다. 5분 동안 그는 읽고 있던 책의 마지막을 다 읽고 나서, 일본 관리에게 고맙다는 말을 남긴 채 형장의 이슬로 사라져 갔다. 그는 뜨거운 심장과 온몸으로 독서를 했던 사람이다.

우리가 배워야 할 것은 그의 위대한 애국심일지도 모른다. 하지만 뜨거운 심장으로 책을 읽는 것도 배우면 좋을 것 같다. 당신은 차가운 이성으로, 기계적으로 책을 쓰는 사람인가? 아니면 식을 줄 모르는 뜨거운 가슴으로 책을 쓸 줄 아는 사람인가?

중국 속담에 '혁명가가 되려거든 손문처럼 되고, 대장부가 되려거든 안중근처럼 돼라.'라는 속담이 있다. 책을 제대로 쓰려면, 안중근처럼 책을 써야 할 것이다. 그는 사형수가 된 이후에도 계속해서 독서했고, 책을 썼다. 머리로만 글을 쓰는 사람은 절대 할 수 없다.

머리로만 글을 쓰는 사람은 자신의 감정, 말하고자 하는 내용을 말하고 설명한다. 하지만 온몸으로 글을 쓰는 사람은 그러한 것들을 말하고 설명하는 차원을 넘어선다. 온몸으로 그러한 것들을 보여 주고 느끼게 해주고 직접 부딪히게 해 준다. 기계처럼 차갑게 논리만으로 책을 쓰는 것이 아니다. 차가운 이성보다는 뜨거운 심장으로 책을 쓰는 작가에게 독자들은 더 열광할 것이다. 뜨거운 심장과 온몸으로 글을 쓰면, 독자들은 읽으면서 전율을 느끼게 되고, 감동하게 될 것이다.

이것이 바로 뜨거운 심장과 온몸으로 글을 쓰는 것이다.

독자들을 지루하게 해서는 안 된다. 특히 독자들은 무미건조한 것을 싫어한다. 아무리 좋은 내용이 있다고 해도, 그리고 아무리 유용한 지식이 많이 들어있다고 해도 백과사전과 같은 종류의 책에 열광하는 사람들은 단 한 명도 없는 이유가 바로 여기에 있다.

더 나은 작가가 되고 싶다면, 독자들을 열광시킬 줄 알아야 한다. 독자들을 열광시키기 위해서는 먼저 작가가 열광해야 한다. 작가가 열광할 때 독자들도 열광하게 되는 것이다.

필자는 처음 글을 쓸 때 몇 년 동안은 신들린 사람처럼 너무도 뜨겁게 글을 썼다. 그래서 글을 쓰는 사람이 여유를 부리며, 느긋하게 커피를 마시면서, 글을 쓰는 모습을 도저히 상상할 수 없다.

글을 쓰는 작가라면 모름지기 신들린 사람처럼, 신명 나게, 뜨겁게, 열정을 가지고 글을 쓰는 것인 줄 알았다. 왜냐하면, 처음 글을 쓰기 시작했던 몇 년 동안은 그렇게 글을 썼기 때문이다.

하지만 지금도 여전히 이런 모습은 달라지지 않았다. 지금 생각해도 책 쓰기는 반드시 뜨거운 가슴으로 쓰는 것이지, 차가운 이성적인 머리로 쓰는 것이 절대 아니라는 사실에 대해서는 변함이 없다.

로버타 진 브라이언트는 자신의 저서를 통해 책 쓰기 제2 법칙을 밝혔다.

> "책 쓰기 제2 법칙.
>
> 열정적으로 쓰라. 차분한 사람이라도 좋아하는 일은 열정적으로 추구하게 마련이다. 열정에는 창조성이 뒤따른다. 초고가 열정에 휩싸여 쓰인 게 아니라면, 신명으로 지펴진 게 아니라면, 그래서 활기를 띠고 있지 않다면, 그 글은 기초가 취약한 건물과 같다. 그런 글은 고쳐 쓰는 과정이 여간 힘겹지 않을 것이다."
>
> – 로버타 진 브라이언트,《누구나 글을 잘 쓸 수 있다》, 82쪽

한 마디로 열정적으로, 뜨거운 가슴으로 글을 쓰라는 것이다. 열심히 한다는 것은 열정적으로 무엇인가를 한다는 것과 매우 비슷한 것이라는 사실을 명심해야 한다.

반대로 한심하다는 것은 마음이 차갑다는 것이고, 결국 뜨겁지 않다는 것, 열정이 식었다는 것을 의미한다. '열심'은 마음이 뜨겁다는 것이고, 결국 열정이 있다는 것이다.

글을 쓸 때 열심히 쓰는 사람일수록 열정적인 사람인 이유가 바로 이런 이유이

다. 열정적으로 글을 써야 하는 이유 중의 하나는 자신의 글에 열정적이지 않으면 절대로 매일, 언제나, 어디서나 글을 쓰지 않기 때문이다.

즉 열정적인 사람은 언제나 어디서나 멈추지 않고 계속해서 글을 쓴다는 것이다. 결국, 훌륭한 작가가 되는 길은 열정적으로 글을 쓰는 길밖에 없음을 알아야 한다.

작가가 되고자 하는 작가 지망생들은 반드시 열정적인 작가가 되어야 한다. 이 세상의 모든 분야에서도 열정이 아니고서 무엇인가를 이루어 낸 사람은 찾아보기 힘들 정도로 존재하지 않는다는 것을 필자는 확신한다.

수천 도나 되는 뜨거운 온도에는 그 어떤 단단한 물건이더라도 다 녹게 되듯, 뜨거운 열정을 가진 사람은 자신의 앞에 놓인 수많은 장애물과 시련과 역경과 두려움과 불안을 모두 녹일 수 있다. 그러한 것들을 모두 녹여 버릴 수 있는 뜨거운 열정을 가진 자들은 그 어떤 것도 두려워하지 않을 수 있는 것이 바로, 이 때문이다.

"인간의 모든 행위는 이 일곱 가지 원인 중 한 가지 이상에 의해 행해진다.
   : 기회, 본능, 강요, 습관, 이성, 열정, 욕구"

고대 철학자 아리스토텔레스의 이 말을 토대로 해서 글 쓰는 작가의 행동 원인이 될 수 있는 것은 본능, 습관, 열정, 욕구로 간추려질 것 같다. 그중에서 습관은 글을 쓰는 것이 삶의 전부가 되어 버린 작가들이 될 것이다. 작가 지망생들에게 글을 쓰게 하는 것은 결국 열정이나 욕구 때문이라고 할 수 있다.

당신에게는 어떤 것이 있는가? 열정은 당신을 움직이게 하고, 글을 쓰게 하고, 무엇보다 그것을 이루어 내게 해 준다.

"우리는 세계의 어떤 것들도 열정 없이 이루어진 것은 없다고 단언할 수 있다."
위대한 철학자 헤겔의 이 말은 열정이 얼마나 중요한 것인지를 알 수 있게 해 주는 말이다. 과거에는 지식 정보화 시대였지만, 이제는 감성과 창조의 시대, 이미지와 이야깃거리의 시대라고 할 수 있다. 그런 점에서 열정은 더욱더 중요한 작가의 기본 요소가 될 수 있을 것이다.

위대한 리더는 결국 타인의 열정에 불을 지필 수 있는 사람이며, 그것은 바로 감성의 리더십이라고 할 수 있다. 감성 지수를 창안해 낸 다니엘 골먼은 자신의 저서인 《감성의 리더십》이란 책을 통해 이러한 사실에 대해 다음과 같이 말한 적이 있다.

> "위대한 리더 앞에서 우리의 마음은 쉽게 움직인다. 그들은 우리의 열정에 불을 붙이고 우리가 가지고 있는 최고의 것을 끄집어낸다. 그 거역할 수 없는 힘의 근원을 설명하라고 하면 대부분 사람은 전략이니 비전이니 굳건한 사상이니 하는 것을 들먹이겠지만 그 힘의 실체는 더욱 깊은 데 있다. 위대한 리더는 그의 '감성'을 통해 지도력을 행사한다."
>
> - 21쪽, 《감성의 리더십》, 다니엘 골먼 외

위대한 작가란 이와 다르지 않다. 위대한 작가란 자신 내면에 숨어있는 열정에 불을 붙일 수 있는 작가이다. 그래서 자신이 가지고 있는 최고의 것을 끄집어낼 수 있는 사람이어야 한다.

역사상 두 번이나 노벨상을 받은 사람은 흔하지 않다. 노벨상을 한 번 받는다는 것도 평생 한 번 있을까 말까 한 엄청난 일일 것이다. 그런데 두 번이나 노벨상을 받은 물리화학자인 라이너스 폴링Linus Pauling은 과연 어떻게 해서 그렇게 엄청난 일을 두 번이나 해낼 수 있었을까?

그의 재능이 남들보다 두세 배나 높았던 것일까? 아니면 남들보다 더 열심히 일을 두세 배나 더했기 때문일까?

그는 남들보다 두 세배 더 뜨거운 열정을 가지고 있었기 때문이다. 그는 화학결합의 본질을 밝힌 업적으로 노벨화학상을 탔고, 핵실험 금지 운동을 포함하여 평화 운동으로 노벨평화상을 탔다. 그리고 그가 이렇게 할 수 있었던 것은 남들보다 더 뜨거운 열정을 가지고 있었기 때문이다.

"무슨 일을 하며 살아가지? 나는 이런 걱정을 한 적이 없다. 그저 하고 싶은 일을 하면서 무작정 밀고 나갔을 뿐이다."

위대한 인물 중에 열정이 없었던 사람은 찾아보기 힘들 것이다. 또한, 마찬가지로 위대한 작가란 자신의 감성, 자신의 열정으로 글을 쓰는 사람이라고 말할 수 있을 것이다.

대학교 졸업장보다
자신의 이름으로 된 책 한 권이
더 낫다

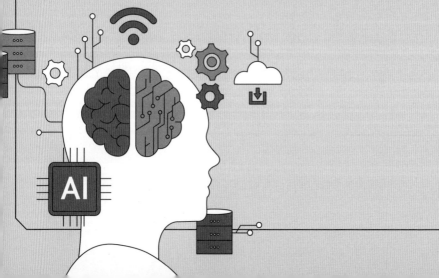

《명심보감》의 '근학편'에 보면 아주 멋진 문장이 나온다.

'*인생 불학이면 여명 야행이니라*' (*人生不學 如冥夜行*)

즉 '사람의 인생에서 배우지 않으면, 그것은 어두운 밤길을 가는 것과 다르지 않다.'라는 멋진 말이다.

이 시대에 배움이란 바로 책 쓰기라고 할 수 있다. 책 쓰기를 하는 사람은 자신의 인생을 밝게 비추는 것과 같다. 자신의 이름으로 된 책 한 권이 대학교 졸업장보다 더 큰 도움이 되는 시대가 바로 이 시대라면 믿겠는가? 믿지 않아도 할 수 없지만 사실이다.

대학교 졸업장이 있다고 해도 저절로 돈이 나오는 것은 아니지만, 내 이름으로 된 책 한 권은 계속해서 인세가 통장에 들어온다. 얼마나 꿈만 같은 이야기인가? 물론 인세가 그렇게 많은 것도, 지속해서 계속해서 나오는 것은 아니다. 하지만 인세는 빙산의 일각이다.

책이 잘 팔리면 그 파급 효과는 상상을 초월한다. 인세보다 몇십 배 더 강력한 부와 성공의 길이 열리기 때문이다. 세상과 타인이 당신을 전문가로 인정한다는 점이다.

세상이 당신을 전문가로 인정하면, 당신은 평생 현역으로 활동할 수 있다. 책 쓰기의 가장 큰 유익은 은퇴가 없다는 점이다. 평생 현역으로 계속해서 일할 수 있다. 이 얼마나 근사한 일인가?

당신이 어떤 직업에 종사하고 있더라도 당신은 작가가 될 수 있고, 예술가가 될 수 있다는 사실은 희소식이다.

앨빈 토플러가 1980년에 자신의 저서인 《제3의 물결》에서 전문가와 소비자, 생산자와 소비자의 경계가 허물어지고 있는 시대, 즉 21세기는 프로슈머prosumer의 시대가 오고 있다고 말한 적이 있다.

그의 말대로 진정한 프로슈머의 시대가 오고 있다고 저는 생각합니다. 그것이 바로 독자와 작가의 경계가 무너지는 새로운 시대라고 생각한다.

시대가 많이 바뀌었다. 과거에는 글을 읽고 쓸 줄 아는 사람이 소수 특권층에 한정되었지만, 어느 순간 아무나 글을 읽고 쓸 줄 아는 시대가 되었다.

하지만 글을 읽고 쓸 줄 아는 시대와 누구나 매일 글을 쓰는 시대는 전혀 다른 것이다.

'누구나 책을 쓰는 시대다'

지금 대세는 책 쓰기다. 챗GPT가 아무리 열풍을 몰고 와도, 태풍이 한 번 지나가면 다시 일상이 회복되듯, 우리 인간은 계속해서 책을 써야 한다. 우리나라에 처음 기차가 도입되어, 부산에서 서울까지 기차를 타면 빨리 올 수 있는 데도, 굳이 걸어서 부산에서 서울까지 가는 것과 다름없다. 기차를 타면 정말 쉽게 빨리 서울까지 올 수 있다. 책 쓰기는 이 시대의 기차와 다름없다. 아니 기차보다 더 빠르고 놀라운 비행기일지도 모른다.

책 쓰기는 우리는 좀 더 높게, 좀 더 멀리, 좀 더 수준 높게 성장시키고, 도약시켜 주는 가장 강력한 무기이다.

언제까지 대학 졸업장만 믿고, 인맥과 스펙만 믿고, 학연과 지연에 기대어 굽실대며 살 것인가? 책 쓰기를 통해 당당하게 자신의 삶을 살아내기를 바란다. 책 쓰기보다 더 좋은 인생을 바꾸는 방법은 없다.

우리는 책 쓰기를 통해 어제와 다른 삶을 살 수 있고, 어제 살았던 인생보다 차원이 다른, 더 좋은 인생을 만들어 나갈 수 있다.

당신도 작가가 될 수 있다. 작가는 태어나는 것이 아니라 만들어진다. 책 쓰기도 자전거 타기처럼 하나의 기술이기 때문이다. 배우면 누구나 작가가 될 수 있다. 작가라고 해서 거창한 것이 아니다. 엄청난 실력이나 재능이 있어야 하는 것은 더 아니다. 당신 자신의 이야기를 세상에 내놓으면 된다. 자신이 치열하게 인생을 경험하고 살아왔다면 작가가 될 자격은 이미 충분하다. 챗GPT가 절대로 할 수 없는 일, 인생을 살아내는 일을 당신은 매일 아무렇지도 않게 그 어마어마한 일을 해 왔다. 지금도, 오늘도 하고 있다.

당신이 작가가 될 수 있는 또 다른 이유는 챗GPT에 절대로 없는 감정과 창조성이 있는 존재인 인간, 바로 그 자체이기 때문이다. 그렇다, 당신은 기계가 아닌, 인간이다. 인간은 누구나 감정과 창조성을 가지고 있다. 그러므로 당신 자신을 믿고, 자신의 직관을 따라가면 된다. 건투를 빈다.

명심하라. 그 어떤 천재도 무엇을 배우더라도 초보자로부터 시작해야 한다는 사실을 말이다. 그러므로 용기를 내고 시작하라.

작가는 오직 글을 쓸 뿐이다. 행동하지 않으면 아무것도 달라지지 않는다. 글을 쓰는 것 말고는 그 어떤 것도 당신을 작가로 만들어 주지 않는다.

"*당신은 사라져도, (당신의 이름으로 된) 책은 남는다.*"

키에르케고르의 이 말처럼 책은 남는다. 그러므로 당신은 책을 써야 한다. 이 세상에 무엇을 남기고 갈 것인가? 책 한 권 정도는 남겨야 하지 않을까?

"나는 머지않아 사라지겠지만 책은 영원히 남을 것이다."

– 에드워드 기번, 《로마제국쇠망사》의 작가의 말

당신이 원하는 것이 있다면, 그것을 얻어내기 위해서는 아무리 위대한 독자가 된다 해도 그것을 얻어내지 못한다. 하지만 당신이 평범한 저자가 된다면, 당신은 최소한 그것을 얻어낼 수 있는 발언권을 확보한 셈이 된다. 자 그렇다면 어떤 인생이 더 좋은 인생, 풍요로운 인생, 나은 인생을 살아갈 수 있겠는가?

대가가 아니어도, 실력이 없어도, 책을 쓰고, 책을 출간하기에는 이미 당신은 충분한 능력을 갖췄다. 그러므로 당신은 저마다의 작가가 될 수 있다. 자신을 믿어라. 그리고 의자에 앉아서 글을 쓰라. 그것만이 당신을 작가로 만들어 줄 수 있는 유일한 것이다.

책 쓰기는 당신에게 세상이 주지 못하는 위안과 행복을 준다. 책 쓰기는 당신에게 말할 수 없는 수많은 유익함을 선사한다. 책 쓰기를 하다 보면 무아지경에 이르게 된다. 무아지경이 되면, 자신을 넘어설 수 있고, 세상에서 벗어나게 된다. 책 쓰기만큼 몰입이 잘 되는 행위도 없다. 책 쓰기가 그런 힘을 가지고 있다. 그래서 책 쓰기는 선택이 아닌 필수다.

현대 저널리즘의 창시자이자 '언론계의 노벨상'이라고도 불리는 퓰리처상을 만든 조지프 퓰리처는 다음과 같은 말을 했다.

"무엇을 쓰든 짧게 쓰라. 그러면 읽힐 것이다.

명료하게 쓰라. 그러면 이해될 것이다.

그림같이 쓰라. 그러면 기억 속에 머물 것이다."

독자들의 마음속에 오래 기억되고 남게 하는 방법은 그림같이 쓰는 것이라고 그는 말해 준다. 온몸으로 글을 쓰는 이유는 한 마디로 그림같이 글을 쓸 때 독자들의 기억 속에 오래 남게 되기 때문인지도 모른다.

작가 지망생들에게 꼭 해 주고 싶은 말이기도 하지만 사실은 필자 자신에게 매일 스스로 다짐하는 말이기도 하다.

작가란 결국 매일 글을 쓰는 사람이다. 작가란 오늘 아침에 글을 쓴 사람이고, 오늘 오후에도 글을 쓴 사람이고, 오늘 저녁에도 글을 쓴 사람일 뿐이다.

더 좋은 작가가 되기 위해서는, 어제보다 더 나은 작가가 되기 위해서는 '무조건 쓰고, 지금 당장 쓰고, 계속 쓰는 것'이다. 이것보다 더 나은 방법이 있다면 내게 알려 달라.

아무리 훌륭한 작가로 혹시라도 태어난 그런 불운?한 작가가 있다고 해도 이 세 가지 방법에서 멀어지게 되면 서서히 그는 평범한 작가로 전락하게 되는 것은 시간문제일 것이다. 그뿐만 아니라 평범한 작가는 이내 곧 글 한 줄 쓰지 못하는 그런 사람으로 전락하게 되는 것도 불을 보듯 뻔한 일일 것이다.

결국, 훌륭한 작가는 태어나는 것이 아니라 날마다 끊임없는 노력으로 스스로 만들어 나가야 한다. 그리고 그 노력은 결국 책 쓰기를 향한 노력이어야 하고, 그 외에는 그 어떤 노력도 필요하지 않다는 것을 명심해야 한다.

훌륭한 작가가 되기 위해 화려한 학벌이 필요한 것은 절대 아니다. 또한, 훌륭한 작가가 되기 위해 다양한 지식이나 기술이 필요한 것도 절대 아니다. 그뿐만 아니라 훌륭한 작가가 되기 위해서 넓은 인맥이 필요한 것도 아니다.

훌륭한 작가가 되는 데 필요한 것은 온종일 앉아서 글을 쓸 수 있는 작은 공간일 뿐이다. 여기에 쉽게 그 어떤 책도 찾아서 읽을 수 있는 도서관과 같은 그런 엄청난 책들이 있는 공간이면 최고의 공간일 것이다.

이러한 것들을 개인의 돈으로 갖출 수 있는 사람은 없을 것이다. 그래서 필자는 항상 도서관을 이용하고, 개인 서재를 따로 만들어 놓지 않는 것이다. 개인 서재를 아무리 훌륭하게 잘 만들어 놓는다고 해도 도서관만큼 다양하고 많은 책을 장만할 수 없기 때문이다.

명심하자. 이 책을 통해서 정말 하고 싶은 말은 '책 쓰기는 책 쓰기를 통해서만 향상할 수 있는 기술'일 뿐이라는 사실이다.

결국 '무조건 쓰고, 지금 당장 쓰고, 멈추지 말고 쓰라'라는 것이다.

챗GPT를 이기는 인간의 책쓰기

초판 1쇄 인쇄 2023년 7월 13일
초판 1쇄 발행 2023년 7월 17일

지은이 김병완
디자인 고은아
발행인 엄남미
발행처 케이미라클모닝

등 록 2021년 4월 8일 제2021-000020호
주 소 서울 동대문구 전농로 16길 51, 102-604
이메일 kmiraclemorning@naver.com
전 화 070-8771-2052
홈페이지 http://cafe.naver.com/koreamiraclemorning

값 16,800원
ISBN 979-11-92806-05-1 03330